Prolog

„Binde deinen Karren an einen Stern!“ Dieses Wort von Leonardo da Vinci enthält eine Symbolik, die zur sinnorientierten Lebensberatung nach Viktor E. Frankl in besonderem Maße passt. Denn diese Psychotherapierichtung - allgemein als *Logotherapie* bekannt - versteht sich nicht als eine Hilfe, den im Schlamm seelischer Fehlentwicklungen stecken gebliebenen „Lebenskarren“ eines Menschen aus dem Morast zu ziehen. Sie wühlt nicht im Schutt vergangener Tage, zwischen dem sich die Räder seines Gefährts verklemmt haben mögen. Ihr Anliegen entspricht eher einer Ausrichtung seines „Lebenskarrens“ auf jenen Sinn- und Wertehorizont hin, der ihn durch Schutt und Morast noch heil durchzutragen vermag.

Ohne Anbindung an sinnstiftende Kraftquellen und zutiefst erfüllende Weltbezüge würde nämlich selbst der wieder flott gemachte „Lebenskarren“ allzu leicht in den nächsten Sumpf einlaufen. Das Freisein der Räder bedeutet nicht zwingend, dass sie sich in die richtige Richtung bewegen. Psychotherapie, will sie der Würde des Menschen entsprechen, muss das Suchen und Sehnen des Menschen ernst nehmen, der wissen will, wohin und wozu sein Wagen rollt, welchen Hoffnungen entgegen.

Freilich, Psychotherapie - auch Logotherapie - kann keine Orientierung vorgeben, sie kann keine Sterne erzeugen. Aber sie kann mithelfen, an die Sterne anzubinden, die uns leuchten ...

Nach diesem Motto ist der vorliegende kleine Ratgeber entstanden. Er enthält Miniaturen von Erfahrungsweisheiten aus einer jahrzehntelangen Praxis, die die Leser und Leserinnen ermuntern sollen, ihren „Karren" weise durch die Turbulenzen unserer Zeit zu lenken, im Vertrauen darauf, dass auch in der schwärzesten Nacht noch irgendwo ein kleiner Stern existiert, der genau dem eigenen „Karren" zugedacht ist, von Anfang an und ohne Ende.

Inhalt

WAS UNS DAS SCHICKSAL ZUSPIELT ...

Das Schicksal stellt uns mitten in leidvolle oder freudvolle Situationen hinein. Das alles ist „Material“, das noch gestaltet werden will. Es liegt ein gewisser Trost darin, dass wir in jedweder Situation noch irgendwie mitspielen können, aber gleichzeitig mischt sich auch eine ethische Komponente ins „Spiel“, insofern, als die Art und Weise der Gestaltung eines vorliegenden Materials nicht mehr dem Schicksal allein aufgebürdet werden kann, sondern hauptsächlich „unseres“ ist.

In allem, was uns das Schicksal zuspielt, stellt sich uns auch die Frage:

Und nun?
Was kann ich, was soll ich, was will ich tun?

Ein wohlwollendes Schicksal

Im Folgenden möchte ich zunächst die freudvollen Situationen herausgreifen und der Frage ihrer potenziellen Gestaltung nachgehen. Gibt es eine Richtschnur, welche Haltungen angesichts von Glück und Erfolg optimal sind? Wahrscheinlich stellt sich kaum jemand jemals diese Frage, aber würde sie ihm gestellt werden, würde er sie vermutlich mit dem Hinweis aufs „Genießen", auf Freude und Dankbarkeit beantworten. Er hätte recht. Und doch wäre damit die ethische Komponente, die im „Glücksspiel" des Lebens mitschwingt, nicht ausgeschöpft. Betrachten wir ein hypothetisches Beispiel:

Zwei Autofahrer fahren hintereinander auf einer Straße. Zu diesem Zeitpunkt ist ihre Fahrsituation vergleichbar. Plötzlich aber kommt der erste Autofahrer von der Straße ab und rutscht über den Hang einer Böschung in einen Graben hinunter. Er steigt zwar einigermaßen unversehrt aus dem Wagen, aber sein Auto ist kaputt. Mit einem Schlag ist die Situation der beiden Autofahrer zu einer unterschiedlichen geworden. Der erste hat sein Auto verloren, während der zweite ungehindert weiterfahren kann. Der erste befindet sich in einer reichlich misslichen Situation, während der zweite wohlbehalten in einem intakten Fahrzeug sitzt und vergnüglich seine Reise fortsetzen kann. Aber so einfach ist die Sache nun doch nicht. Denn der zweite Autofahrer ist Zeuge der leidvollen Situation des ersten und müsste sich schon sehr in der Kunst des Wegschauens üben, wenn er davon nicht berührt werden wollte.

Exakt in solchen Gegensätzen bewegt sich unser Dasein. Entweder es geht uns selber gerade *nicht gut*, dann steht unser eigener Kummer im Vordergrund unseres Fühlens und Denkens, oder es geht uns selber gerade *gut*, dann steht der fremde Kummer, der immer irgendwo um uns herum aufspürbar ist, im Hintergrund unseres Fühlen und Denkens. Und auch, wenn der fremde Kummer „nur" einen leisen Hintergrundschatten wirft, so fällt er dennoch just auf unsere helle Freude. Es sei denn ...

Kehren wir zurück zum zweiten Autofahrer. Er kann fröhlich und dankbar aufs Gas treten. Was soll ihn daran hindern? Oder er kann die Tatsache, dass sein Auto in Ordnung ist, nützen, um den verunglückten Fahrer aufzunehmen und zur nächsten Polizeistation bzw. sicherheitshalber ins Krankenhaus zu bringen. Er kann die Tatsache, dass er selber in ungetrübter Verfassung ist, nützen, um dem unter Schock stehenden Autofahrer beizustehen und beruhigenden Zuspruch zu geben. Die anskizzierten Alternativen muten uns sympathisch an. Warum? Ja, weil Glück, Gesundheit, Bildung, Erfolg, Reichtum usw. nicht zu ihrer Sinnfülle gelangen, wenn sie bloß zufrieden (und manchmal nicht einmal dies!) konsumiert werden, sondern eben jenen ethischen Auftrag in sich bergen, *geteilt und ausgeteilt* zu werden. Analog zur optimalen Haltung gegenüber einem unabänderlichen Leid, die im tapferen Ertragen, in einer Art „Heroismus" gipfelt, gibt es auch eine optimale Haltung gegenüber dem Freudensfall, die sich neben dem Genuss zu einer „Humanität" verdichtet, aus der heraus mit Hilfe des eigenen Glücks fremdem Leid die Stirn geboten wird. Würde der erste Autofahrer aus unserem Beispiel verzweifeln und sich vielleicht sogar das Leben nehmen wollen, weil sein Auto einen Totalschaden erlitten hat, den finanziell auszugleichen er nicht in der Lage ist, dann ließe seine Haltung am nötigen Mut und an Gelassenheit vermissen. Würde wiederum der zweite Autofahrer ungeachtet des Unfalls vor ihm und gleichgültig gegenüber dem darin verwickelten Pechvogel seine Route fortsetzen, würde es ihm an der nötigen Menschlichkeit und Verantwortlichkeit fehlen.

Was erleichtert es uns, optimale Haltungen gegenüber Schicksalsfügungen zu entwickeln? Manchmal empfiehlt sich ein Blick in den Konjunktiv. Für den Autofahrer Nr. 1 mag darin geschrieben stehen: „Du hättest jetzt tot sein können!" Für den Autofahrer Nr. 2 mag darin geschrieben stehen: „Das hätte auch dir passieren können!" Manchmal empfiehlt sich ein Blick in die Zukunft. Für den Autofahrer Nr. 1 mag darin geschrieben stehen: „Das wird dir eine Lehre sein. Ab jetzt wirst du in engen Kurven besser aufpassen!" Für den Autofahrer Nr. 2 mag darin geschrieben stehen: „Wenn du einmal eine Panne hast, wird auch dir jemand zu Hilfe kommen!" Manchmal empfiehlt sich ein Blick gen Himmel. Der Autofahrer Nr. 1 könnte flüstern: „Gott sei Dank, dass meine Kinder nicht mit mir im Auto waren!" Der Autofahrer Nr. 2 könnte seufzen: „Herr, wenn du mich brauchst, will ich gerne dein Werkzeug sein!"

Freudvolle Situationen sind etwas Herrliches, und sie sind nicht so selten, wie wir meinen. Der ganz normale Alltag, in dem wir auf den Straßen unseres Lebens fröhlich unseres Weges dahinfahren, von keiner Katastrophe gebremst, von keinem Gebrechen geplagt, von keinen Schmerzen gelähmt, von keiner Pleite gestoppt – ist schon der Freude wert. Vergessen wir nicht, sie wertzuschätzen *und sie zu teilen*. Es ist einfach so, dass der Nicht-Hilfsbedürftige in besonderem Maße zum Helfersein gerufen ist. Der Reiche kann dem Armen etwas spenden. Der Gebildete kann den Ungebildeten informieren. Der Gesunde kann den Kranken pflegen. Der Starke kann den Schwachen mittragen. Der Tüchtige kann den Versager stützen. Wer sein Glück und seine Privilegien nicht austeilt an andere, dem wird sich das Bewusstsein, in seinem Leben einen Sinn zu erfüllen, verwehren. Und im Sinnvakuum erlischt die Freude.

Das fehlende Ziel

Viele Ratsuchende kommen in eine psychotherapeutische Praxis, weil sie mit einem Leid nicht fertig werden. Aber auch die andere Version: das „Nicht-fertig-Werden mit Glück“ ist uns Therapeuten vertraut. Hier ein illustratives Beispiel:

Eine 30-jährige Frau hatte sich vom Arzt gründlich untersuchen lassen. Als er ihr eröffnete, dass sie vollkommen gesund sei, brach sie in Tränen aus und sagte, in diesem Falle könne ihr niemand helfen, denn sie fühle sich trotz ihrer Gesundheit elend und traurig. Der Arzt erschrak und riet ihr dringend, psychotherapeutische Hilfe in Anspruch zu nehmen.

Als die Frau zu mir kam, war sie in ihrer negativen Lebenseinstellung verfestigt und konnte keine Angaben über ihren Kummer machen. „Es geht mir gut“, sagte sie abweisend zu mir, „aber das Leben freut mich nicht.“ „Ist es Ihnen immer gut gegangen?“, fragte ich sie. Sie überlegte und erzählte schließlich, dass sie als Kind, von der Scheidung ihrer Eltern gebeutelt, das Gymnasium habe abbrechen müssen und dann eine Handelsschule besucht habe. Sie war jedoch ehrgeizig gewesen und hatte später, als sie bereits im Staatsdienst angestellt war, das Abitur in Abendkursen nachgeholt. Das sei recht hart gewesen. Später habe sie die Beamtenlaufbahn angestrebt und sich in ihren Studien und in ihrer Arbeit intensiv eingesetzt, um dieses Ziel zu erreichen. Vor einem halben Jahr sei sie nun, als eine der Jüngsten, verbeamtet worden und habe damit die höchste für sie mögliche berufliche Stufe erklommen.

„Hat Ihr Verlust an Lebensfreude vielleicht danach begonnen?“, fragte ich sie. Wieder dachte sie sorgfältig nach. „Das könnte sein“, gab sie zu. „Dann glaube ich zu ahnen, was Ihnen fehlt“, wagte ich mich vor. „Ihnen fehlt ein Ziel. Sie sind ehrgeizig, wissensdurstig und immer bestrebt gewesen, etwas zu erreichen. Aber jetzt stehen sie an Ihrem einstigen Ziel, und fürs ‚einfach Dastehen‘ haben Sie zu viel Energie, die gefordert und eingesetzt werden will. Gutgehen allein reicht nicht zum Glücklichsein, und Stehenbleiben entspricht nicht der menschlichen Natur.“

Während ich gesprochen hatte, war mit der Frau eine Veränderung vor sich gegangen. Sie wirkte lebhafter und interessierter als zu Anfang unseres Gesprächs. „Was mir fehlt, ist ein Ziel ...“, wiederholte sie meine Worte. „Jetzt, da Sie es sagen, merke ich es auch! Und ich habe geglaubt, Sie werden meine Kindheit analysieren und mir aus der Scheidung meiner Eltern einen psychologischen Strick drehen ...“ Wir lachten beide.

Es galt also, ein neues, attraktives Ziel zu finden. Aber gerade das Wissen, als Beamtin unkündbar zu sein, wie gut oder schlecht sie ihre Arbeit verrichtete, bremste ihre tägliche Motivation. Da dachte ich an den besonderen ethischen Sinnanruf positiver Lebenssituationen und vermittelte ihn ihr im Gewand eines Gleichnisses.

„Sie stehen am Gipfel eines Berges und blicken ins Tal“, begann ich, „aber der Blick ins Tal deprimiert Sie, denn Sie waren immer gewohnt, nach oben zu schauen. Andere Menschen hingegen tasten sich am Fuße des Berges entlang und finden den Aufstieg nicht. Wären Sie bereit, nochmals zu denen hinunterzusteigen und ihnen den Weg zu weisen? Das Bewusstsein, für andere Menschen eine wichtige Hilfe zu sein, würde Sie selbst mit Freude erfüllen, und Ihr Blick wäre auch wieder – nach oben gerichtet.“

Die Frau verstand mich sofort. „Sie wollen mir nahelegen, dass ich mich die ganze Zeit nur um meine Karriere gekümmert habe. Richtig, und jetzt hocke ich abgehetzt und ausgebrannt am Gipfel und bin innerlich wie leer. Was meinen Sie? Anderen den Weg weisen? Das klingt reizvoll.“ Sie stand auf. „Ich komme wieder“, versprach sie. „Und Sie werden mit mir zufrieden sein.“

Sie kam wieder, mit frischer Miene und voller Pläne. In dem Ministerium, in dem sie arbeitete, hatte sie eine kostenlose Einführung in ihr Sachgebiet für Anfänger sowie einen Vorbereitungskurs für deren Staatsprüfungen ausgeschrieben und eine derart starke Resonanz erfahren, dass sie kaum wusste, wie sie zeitlich zurande kommen sollte. „Ein Glück, dass ich verbeamtet bin“, schmunzelte sie, „sonst müsste ich geradezu Sorge tragen, vor lauter Nebenbeschäftigungen den Dienst zu vernachlässigen und gekündigt zu werden.“ „Na, die Sache mit der Dienstvernachlässigung war nicht mein therapeutischer Rat“, protestierte ich, aber sie hatte bloß gescherzt. Ernst wurde sie zum Abschied: „Ich habe gelernt, dass andere Menschen ins Ziel miteinbezogen werden müssen, wenn die Freude am eigenen Schaffen erhalten bleiben soll. Dafür danke ich Ihnen.“

Eine kluge Frau, die ich beruhigt aus der Sprechstunde entlassen konnte. Kein „Gipfelerlebnis“ würde ihr in Zukunft die seelische Balance mehr zu rauben vermögen.

Erfolg um seiner selbst willen ist kein Erfolg, und Glück um seiner selbst willen ist kein Glück.

Erfolg und Glück
müssen mit anderen geteilt werden,
wenn sie zur psychischen Gesundheit
des Menschen beitragen sollen.

Wo immer sich in einer Gesellschaft ein „existenzielles Vakuum“ ausbreitet, wie Frankl jenes prekäre Überdruss- und Sinnlosigkeitsgefühl genannt hat, das nicht selten am Zahn des Wohlstandes nagt und zu Exzessen aller Art verleitet, dort sind Lieblosigkeit und Egozentrierung in großem Ausmaß zu beobachten. Die Umkehrung gilt ebenfalls: Wo die Nächstenliebe wieder einkehrt, kehrt die Lebenslust zurück.

Leidvolle Lebenssituationen und die Kraft eines „zuliebe“

In welch entscheidenden Momenten versucht werden kann, die Liebe zu Mitmenschen gegen die scheinbare Sinnlosigkeit des eigenen Daseins in die Waagschale zu werfen, zeigt die folgende Krankengeschichte, mit der wir zu den leidvollen Lebenssituationen hinüberwechseln.

Eine Frau mittleren Alters hatte schon mehrere Selbstmordversuche hinter sich, die im Zusammenhang mit einem zyklisch wiederkehrenden Krankheitsprozess standen. Und zwar hatte sie von Zeit zu Zeit (endogen bedingte) Depressionsphasen, die ihre Stimmung derart niederdrückten, dass sie trotz guter medikamentöser Versorgung alsbald keine Chance mehr für sich sah und deswegen versuchte, mit Hilfe einer Überdosis Schlafmittel für immer einzuschlafen.

Da ihr Mann sehr besorgt um sie war und sie kaum aus den Augen ließ, war sie stets rechtzeitig gerettet und zeitweise auch in Kliniken eingeliefert worden. Sobald dann ihre depressive Phase wieder abklang, schöpfte sie jedes Mal neuen Mut und wandte sich mit Elan ihren täglichen Verrichtungen zu. Allerdings blieb zunehmend ein Rest an Resignation in ihrem Gemüt „hängen“, denn es verdichtete sich in ihr das Gefühl, dass ihr weiteres Leben sinnlos sei, weil sie den genannten Krankheitsprozess in keiner Weise aufhalten konnte.

Auf Umwegen gelangte sie zu mir, und zwar während einer „gesunden Phase“. Leider konnten wir ihrem Schicksal wenig Änderung abtrotzen: Es war durchaus zu befürchten, dass sich die dunkle Depressionswolke in Abständen wieder auf sie niedersenken würde. Doch um eines wollte ich kämpfen, nämlich um eine Reduzierung ihrer Suizidgefährdung. Hier ein Ausschnitt aus unseren Gesprächen:

Frau X: „Warum lässt man mich nicht sterben? Das ist doch kein Leben, immer wieder in bodenlose tiefe Traurigkeit zu fallen und keinen Ausweg mehr zu sehen ...“

Ich: „Frau X, angenommen, es fiele Ihnen plötzlich ein, dass Sie lieber in Hamburg wohnen würden als in München. Das bunte Treiben in der Hafenstadt fasziniere Sie. Würden Sie dann Ihre Koffer packen und sogleich nach Hamburg ziehen, um dort zu leben?“

Frau X (erstaunt): „Aber nein, mein Sohn geht doch hier zur Schule, mein Mann arbeitet hier - ich bin ja nicht allein auf der Welt!“

Ich: „Sehr richtig, Frau X. Das ist ein wunderschöner Schlüsselsatz, den Sie da ausgesprochen haben. Den sollten Sie nie vergessen, was auch geschehen mag. Sie sind nicht allein auf der Welt, sondern Ihr Dasein ist eng verflochten mit anderen Personen rings um Sie herum. Deswegen verschwinden Sie nicht einfach nach Hamburg, und deswegen dürfen Sie auch Ihr Leben nicht bedenkenlos wegwerfen, selbst dann nicht, wenn es Ihnen vorübergehend sinnlos erscheint, denn zumindest hat es einen wesentlichen Sinn für Ihre Angehörigen. Sie sind nicht allein auf der Welt - wollen Sie diesen Satz beherzigen?"

Frau X: „Ehrlich gestanden denke ich gar nicht an meine Familie, wenn ich so ein Tief habe ..."

Ich: „Ich weiß. In der Depression stehen Ihre eigenen Probleme im Mittelpunkt ihres Fühlens und Denkens. Sie wollen sie bloß loswerden und vergessen dabei, dass diese ‚Lösung' schreckliche Probleme für andere schafft, insbesondere für die Ihnen nahestehenden Menschen. Das ist normal. Aber vielleicht könnten Sie trotzdem ab jetzt versuchen, umgekehrt zu denken, nämlich Leid und Schmerz freiwillig auf sich zu nehmen, um anderen Menschen Probleme zu ersparen?"

Frau X: „Ich soll freiwillig ...?"

Ich: „Frau X, wenn Ihnen Ihr Leben aus der Verblendung durch Ihre Krankheit heraus unerträglich erscheint, Sie aber dennoch beschließen, es in Geduld zu ertragen, wie es gerade kommt, es zu ertragen aus Liebe zu Ihrem Sohn, der die Mutter braucht, und aus Liebe zu Ihrem Mann, der den Verlust seiner Frau nicht verwinden könnte, dann ist doch Ihr Leben in diesem

Moment gar nicht sinnlos, denn Sie wissen ja genau, *wofür* und *für wen* Sie leben. Verstehen Sie mich?"

Frau X (nachdenklich): „Ich glaube schon. Sie sprechen von meiner Verantwortung gegenüber meiner Familie."

Ich: „Ihre Familie leidet auch, leidet mit Ihnen. Mann und Sohn können Ihr Leid nicht verringern, aber *Sie* könnten *deren* Leid verringern!"

Frau X: „Das ist wahr! Seltsam, in der Klinik habe ich immer gedacht, wie bemitleidenswert ich doch sei, nicht einmal sterben hat man mich lassen, aber ich erkenne allmählich, dass andere, Unschuldige durch mich gelitten haben. Mein Mann war ganz verzweifelt ... Ich darf es nicht mehr tun ... Ja, in meinem Leben will ich wenigstens *dies* noch versuchen: meiner Familie Leid zu ersparen ..."

Nicht jede psychische Verstimmung
und nicht jede Tragödie kann korrigiert werden,
manches muss einfach ausgehalten werden,
und je eher jemand weiß,
w o f ü r u n d w o z u ,
umso besser hält er es aus.

Dazu aber ist notwendig, dass es jemanden oder etwas gibt, eine geliebte Person oder eine zu erfüllende Verpflichtung, die meiner bedarf und *um derentwillen* selbst ein schweres Leid noch angenommen werden kann. Hier trifft die Psychotherapie auf ein uraltes ethisches Prinzip, denn, wie meine Patientin ganz richtig gesagt hat, der Mensch ist nicht allein auf der Welt, und sein eigenes Wohlergehen kann nicht sein einziger Lebenszweck sein. Im Gegenteil: Wohlergehen allein, losgelöst aus dem zwischenmenschlichen Zusammenhang, ist nichts.

HERAUSFORDERUNGEN ERGREIFEN

Das Wissen um ein Wofür und Wozu, die Intentionen „Für etwas oder für jemanden ..." sind außerordentlich hilfreich, ja wesentlich für unser Leben. Auch und gerade dann, wenn man ein „Ja, aber ..." einwenden möchte: „Aber wenn meine Kräfte nachlassen ..."; „Aber wenn das, wofür ich gelebt habe, nicht mehr existiert, wenn meine Pläne zerbrochen sind ..."; „Aber wenn eine schwere Schuld mich belastet ..."; „Aber wenn ich schlimmste Dinge erlebt habe ..."

Einige solcher Situationen seien im Folgenden herausgegriffen. Denn wenn wir vor derartigen Schwierigkeiten und Herausforderungen stehen, kommt es umso mehr darauf an, den eigenen Lebenskarren „an einen Stern zu binden". Dazu gibt es eine Reihe von Hilfestellungen und bewährten Empfehlungen. Doch es zeigt sich zugleich, dass jeder Mensch immer ganz persönlich gefordert ist: Niemand kann ihm seine jeweilige Aufgabe abnehmen, auch nicht ein Psychotherapeut ...

Expansion im Alter

Verglichen mit einer chronischen Krankheit ist das Alter kein Leid im eigentlichen Sinne, sondern ein natürlicher Vorgang. Allerdings gilt das Alter in unserer Gesellschaft nicht unbedingt als attraktiv. Wenn in manchen Fernsehfilmen die Gestalt der Frau über 60 als gelangweilt und unbefriedigt aufscheint, weil sie für das Liebesleben nicht mehr frisch genug ist, ist dies eine bedenkliche Simplifizierung. Und auch die Figur des komischen Opas, der brummelig umherschleicht und den Kopf über die losen Sitten seiner Enkelkinder schüttelt, ist nicht gerade erbaulich. Dabei gewährt das Alter in Wahrheit noch genügend Gelegenheit zu einer geistigen Expansion! Kazimierz Popielski, emeritierter Professor an der Universität Lublin/Polen, skizzierte in den 90er-Jahren aufgrund einschlägiger Studien sogar ein Entwicklungsschema, wonach das Alter potenziell die höchsten Wachstumsschübe geistiger Art ermöglicht. Wobei er das Wort „geistig“ dem Franklschen Vokabular entnahm, in welchem es mit „spezifisch human“ zu übersetzen ist und nicht etwa mit „intelligent“ oder „klug“, also mit Begriffen, die eher der psychischen Ebene zuzuordnen sind.

Das Schema zeigt nun Folgendes an:

Ein Neugeborenes ist körperlich schon sehr gut entwickelt, verfügt auch über zahlreiche einfache psychische Funktionen, aber seine „Geistigkeit“ schläft noch. Insofern gleicht es einem jungen Tier, obwohl der spezifisch humane Funke längst in ihm glimmt. In den ersten 30 Lebensjahren weitet sich jede Lebensdimension aus: die körperliche Entwicklung vervollständigt sich, die psychischen Phänomene werden durch Erziehung und Erfahrung geschult, und die geistige Reifung schreitet voran. Mit ihr wacht eine einzigartige und einmalige Persönlichkeit aus dem Kinderschlaf auf und beginnt die Welt auf ihre unvergleichliche Weise eigenverantwortlich mit zu verändern.

In den nächsten 30 Jahren zeigt sich im Regelfall eine hohe Energie-Konstanz auf allen drei Ebenen, wenn auch bereits der körperliche Abbau spürbar wird. Danach setzt der psychische Abbau ein und eilt dem Nachlassen körperlicher Kräfte flott hinterher.

Die geistigen Kräfte jedoch entfalten sich weiter (wenn sie nicht mutwillig oder krankheitsbedingt eingeengt werden) und sind noch in den Jahren über 60 aufnahme- und wachstumsfähig. Je weniger Spielraum im körperlichen und psychischen Bereich verbleibt, umso mehr Bedeutung kommt dem geistigen Leben zu, das bis ins hohe Alter regsam und aktiv sein kann.

Gerade darin besteht die Gabenpalette des Alters: im geistigen Akzent einer abgeklärten Lebensphilosophie und in einer fundierten Sinnorientierung, die die Stürme des jugendlichen Ringens und die Irrtümer der konkreten Sinngestaltungsversuche schon überarbeitet, verfeinert und stilisiert hat, ferner im sicheren Ruhen in der Geborgenheit einer Wertstruktur, die persönlich aufgebaut und angenommen worden ist, sowie in der Rückschau auf die Ernte eines mühsamen Werkens im Auf und Ab des Lebens, das oft als vergeblich erschienen und doch gegen Ende in reichhaltige Speicher eingemündet ist.

Begegnet man hochbetagten Personen in der psychotherapeutischen Praxis, so stellt es ein lohnendes Beratungskonzept dar, ihren Blick vom körperlichen Verfall und vom Nachlassen psychischer Funktionen (wie Gedächtnis, Auffassungsgabe, Konzentration) abzulenken und zur Ebene geistiger Erfüllung hinzulenken, innerhalb welcher immer noch ein kleines Schrittchen zu vollziehen ist. Sie können zugewinnen an Zufriedenheit, Güte, Verständnis, Nachsicht etc., sie können sich in einer Liebe einüben, die nichts mehr retour haben will, sie können ihre Spiritualität vertiefen und zu hervorragenden Lehrmeistern für die nachfolgenden Generationen werden. Damit würden sie hundertfach ausgleichen, was sie in ihrer zunehmenden Angewiesenheit auf Hilfe vielleicht an Belastung für die Jüngeren bedeuten. Kurzum, das Alter spendet den Raum, in dem sich entfalten darf, was unsere bedingungslose Achtung vor den alten Menschen rechtfertigt. Wohl dem, der sich jener letzten großen Chance bewusst ist – er ist der wirklich Weise-Gewordene, der sich eines Tages auf der Bühne vor aufbrandendem Schlussapplaus verneigen wird, ehe der Vorhang fällt.

Wenn körperliche Kräfte und
psychische Funktionen eingeschränkt sind,
sollte man umso mehr
die Ebene der geistigen Erfüllung
in den Blick nehmen.

Wenn Pläne zerbrechen oder: Vom wandelbaren Sinn

Dank zahlreicher psychologischer Studien wissen wir, wie wichtig es für Jung und Alt ist, ein adäquates Ziel vor Augen zu haben und sich für dessen Erreichung zu engagieren. Es kann jedoch der Fall eintreten, dass beides vorhanden ist, sowohl eine Zielvorstellung, als auch die intensive Bereitschaft, auf dieses Ziel hinzuarbeiten, und dass dennoch äußere Umstände das Vorhaben zunichte machen. Es ist dann ein Weg gewählt worden, der sich plötzlich als ungangbar erweist. In diesem Fall haben wir es nicht mit einem „Sinnvakuum" zu tun, denn der Betreffende weiß genau, was ihm als sinnvoll, passend, richtig, ja, optimal dünkt, was er gerne tun möchte und was seiner individuellen Lebenserfüllung entspräche, aber seine Hände sind gebunden, und er muss hilflos zusehen, wie seine Absichten „gegen Mauern knallen". Je mehr Sinn in einem geplanten Vorhaben gesehen wird, desto größer ist naturgemäß die Enttäuschung, sobald sich dessen Undurchführbarkeit abzeichnet. Es ist eine seltsame Ironie, dass gerade auf Personen, die sehr klare Zielvorstellungen entwickeln und über eine hinreichende Motivationskraft verfügen, das ihnen Vorschwebende in die Tat umzusetzen, bittere Rückschläge warten können; in ihrer Qualität vielleicht noch bitterer als der schale Geschmack des ziellos-leeren Lebens, das niemanden befriedigt, aber in seiner Inhaltslosigkeit vor eventuellen Enttäuschungen eher verschont.

Was kann man jenen Personen raten, die mit ihren Absichten „gegen Mauern rennen"? Kurz gesagt, es gilt, eine neue Fähigkeit zu erwerben, und exakt dies ist das nächste kurzfristige Ziel, das sie allem Bisherigen vorschalten müssen: statt der großen Kunst, der Beharrlichkeit im Anstreben, benötigen sie jetzt ein gerütteltes Maß an Flexibilität und Anpassungswillen. Ein „Kunstwechsel" stellt sozusagen die Weichen für den nötigen „Kurswechsel". Die ungangbaren Wege müssen verlassen werden. Das tut im Herzen weh, es sei denn, jemand kann ihrem Betreten-Haben seine Zustimmung geben. Wie? Nun, zum Beispiel, indem er es nicht bereut, jene Wege betreten zu haben, sondern die zurückgelegten Abschnitte als Lerngewinne oder als Böden für erwartungsfrohes Ausschreiten betrachtet, die ohne Ankunft an irgendwelchen Zielen bereits ihren Sinn in sich gehabt haben. Das schöne Franklwort „Die Intention ist unser, der Effekt ist Gottes" weist in Richtung einer gesunden Geisteshaltung, die sich redlich anstrengt und sich dann demütig beugt vor dem Ergebnis.

Nehmen wir nun den Kurswechsel unter die Lupe. Er darf sich an Ähnlichem orientieren, aber nicht zum

Zwecke eines Ersatzes. Wer sich das Ziel gesetzt hat, eine große Familie zu gründen, und dem der Kindersegen verwehrt bleibt, darf sich zum Kinderdorfbetreuer ausbilden lassen, aber nicht um sich doch noch - durch die Hintertüre - „Kinder anzueignen". Auch für ähnliche neue Ziele braucht es eine lautere Motivation, die nicht der eigenen Befriedigung bzw. dem Austarieren eigener Enttäuschung dient, sondern den Menschen oder der Sache selbst, um die es eben geht. Ferner soll das Ähnliche, zu dem man (sich neu orientierend) unterwegs ist, nicht den Stellenwert des Zweitrangigen bekommen nach dem Motto: Das Beste hat nicht gelingen wollen, jetzt nimmt man das Zweitbeste. Für Zweitrangiges engagiert man sich nicht genug, der Verwirklichungsmotor läuft nur mit halber Kraft. Insofern ist es mitunter leichter, sich nach dem Scheitern kein ähnliches, sondern ein andersgeartetes neues Ziel zu setzen, auf das man wieder mit Neugierde und Vorfreude zugehen kann.

Ein weiterer Gedanke: Der erforderliche Zielwechsel kann mit einer Werteverschiebung Hand in Hand erfolgen. Es kommt zum Beispiel vor, dass Menschen, die schöpferisch sehr aktiv sind und viele Aufgaben gleichzeitig managen, durch einen Unfall zu einem relativ passiven Leben gezwungen werden. Statt mit ihrem Schicksal zu hadern, könnten sie die Faszination der stillen Einkehr entdecken, den Reiz der Kontemplation, und es sich zum Ziel setzen, ihre innere Welt bewusst so fantasievoll auszubauen, wie sie es früher mit ihrer äußeren Welt zu tun pflegten. Es gibt genügend Menschen, die ihre geistigen Kräfte auf diese Weise von der schöpferischen Werteschiene auf die Schiene der Erlebniswerte verlagert und dabei ein sagenhaftes Neuland betreten haben, von dem sie früher nicht einmal zu träumen vermocht hätten. Analoge Akzentverschiebungen - etwa vom sportlichen Einzelgänger zum sozial integrierten Rollstuhlfahrer oder umgekehrt: vom trägen Partylöwen zum ehrgeizigen Paralympic-Bewerber - vermögen einem von Hindernissen überschatteten Dasein völlig neue Glanzlichter zu verleihen.

Unser „Sinn im Leben" - bzw. was wir jeweils dafür halten - ist brüchig wie unsere eigene Existenz. Er wechselt mit den Jahren, tritt manchmal deutlich zutage, verbirgt sich manchmal in nächtlicher Finsternis und scheint uns manchmal sogar an der Nase herumzuführen. Glücklich ist derjenige, der ihn eine gute Weile festhalten kann; aber vielleicht ist es gerade dieser Glückliche, der ihn am meisten vermisst, sobald sich *sein* „Sinn im Leben" verdünnt.

Im Unterschied dazu ist *der* „Sinn des Lebens" immer da - und immer unerreichbar. Was wie ein Widerspruch klingt, ist simple philosophische Logik. Menschliches Leben kann nur einen bedingungslosen Sinn haben oder keinen. Ein „bedingter Sinn" (der davon abhinge, dass man schön ist, reich, jung ...) wäre ein so absurder Sinn, dass er bereits zum Unsinn avancieren würde. Und ein „erreichbarer Sinn" würde alles „Weiterleben danach" sinnlos machen. Also begnügen wir uns mit der tröstlichen Erkenntnis, dass unser Leben vom ersten bis zum letzten Atemzug von Sinn durchweht ist, auch wenn wir bei unseren Zielgestaltungen hin und wieder radikal umdisponieren müssen, weil plötzlich alles, was uns bis dahin sinnvoll dünkte, wie vom Sturm verweht ist. Der Odem der Transzendenz weht in der Immanenz, ohne sich uns zu erklären ...

Meine Pläne können zerbrechen,
„mein" Sinn in meinem Leben
mag sich ändern, doch:
Immer gibt es jemand, gibt es etwas,
wofür ich leben kann!

Thema „Schuld“

„Der Übel größtes ist die Schuld“ - das berühmte Schillerwort thematisiert einen Sachverhalt, der in den Humanwissenschaften umstritten ist. Werden Vergehen von Einzelpersonen in der Psychologie häufig auf die Schuld der Mitwelt (Familie, Gesellschaft) geschoben, so werden sie neuerdings in der Medizin mit cerebralen Fehlprogrammierungen erklärt. Je weniger Willensfreiheit dem Menschen zuerkannt wird, desto schuldfreier wird er gesprochen, was allerdings nicht ohne Abstriche bei der Würde geht: Nur ein „Reaktionsautomat“ kann jeglicher Verantwortung - und Schuldfähigkeit - enthoben werden. Es ist geradezu der Respekt vor der Personenwürde, der uns gebietet, im Menschen ein prinzipiell entscheidungsfähiges und damit schuldfähiges (in biblischer Diktion: „erbsündiges“) Wesen zu sehen.

Was tun bei Verfehlungen?

Halten wir das Schillerwort für heute noch gültig, dann fragt sich, wie diesem Übel begegnet werden kann. Im Klartext: Was macht man mit seinen Verfehlungen? Mir ist der Fall eines Jungen berichtet worden, der in der Schule massiv gehänselt wurde wegen seiner abstehenden Ohren, seiner Ungeschicklichkeit im Turnen und ähnlicher Lappalien. Einmal bekleckste er sich mit Malfarben, und ein Mitschüler verspottete ihn deswegen in der Pause auf dem Schulhof. Da hob der gedemütigte Junge einen Stein auf und warf ihn hinter diesem Mitschüler her, traf aber tragischerweise ein dazwischen laufendes Mädchen am Auge. Das Auge konnte nicht gerettet werden. Was jetzt?

Nun, das Leben dieser drei Kinder muss weiter laufen, und es soll für jedes möglichst gut verlaufen. Das Mädchen ist Opfer eines schrecklichen Zufalls geworden, und da wir gerade beim Thema „Schuld“ sind, werden wir sein Schicksal nicht weiter bedenken. Wir „entlassen“ das Kind aus unseren Reflexionen in der Hoffnung, dass es sein Leben trotz der bleibenden Behinderung meistern wird. Der Junge und sein Mitschüler mögen zwar in gewisser Hinsicht auch Opfer sein, aber sie sind vor allem *Täter* und müssen für ihre Taten einstehen. Freilich, es kann verlockend sein, einen tollpatschigen Kerl auszulachen, ein solcher Impuls kann schon in der Seele aufwallen, aber muss man ihm nachgeben? Auch kann es extrem zornig machen, gequält und gemobbt zu werden, aber wirft man deshalb mit Steinen um sich? Die beiden Jugendlichen hätten sich besser kontrollieren können. Und sollen. Dafür war es jetzt zu spät. Wirklich? Entsprechend *dem* „Sinn des Lebens", der immer da ist, ist auch in jedem Augenblick bewussten Lebens ein „Soll" da, das uns zur Nachfolge ruft. Es ist kein Soll aus dem Mund von Autoritätspersonen wie Lehrern oder Eltern, sondern ein Soll von höchster Instanz. Und wozu rief ein solches Soll die beiden Burschen auf? Zur inneren Wandlung selbstverständlich. Wenn sie dieselben blieben, die sie waren, würde das Unglück nur Leid gebracht haben, und das Leid würde sich vielleicht sogar noch vermehren. Wenn sie sich die Sache jedoch zu Herzen nähmen und in Zukunft freundlicher, disziplinierter, souveräner, reifer agieren würden, könnte dem Unglück ein Fortschritt entspringen, der irgendwo ein anderes Leid zu verhindern vermöchte. Das Mädchen hätte nicht „umsonst" gelitten ...

So empfahl ich zu argumentieren: „Entschuldigt euch und wandelt euch! Rafft euch dem geschädigten Mädchen zuliebe auf und werdet Kavaliere! Geht achtungsvoll mit euren Kameraden um, verzichtet auf Spott und Tätlichkeiten euer Leben lang, redet vernünftig und ruhig mit euern Widersachern, vergeltet Widerwärtigkeiten nicht mit Widerwärtigkeiten, arbeitet an einer eigenen besseren Identität, und ihr werdet spüren, wie eure Schuld Stück für Stück aufgewogen wird durch ein positives Wirken, von dem eure Mitmenschen profitieren. Es ist einfach, sich selbst zu hassen, nur ist niemandem damit gedient. Gedient ist der Welt, wenn ihr über eure Schuld hinauswachst und euch zu liebenswerten Menschen entwickelt - die ihr ohne dieses Unglück vielleicht gar nicht geworden wäret.“

Ich erinnere mich an den Fall einer Mutter, die ihren dreijährigen Sohn in einem Wutanfall mit einem heißen Bügeleisen misshandelt hatte. Drei Jahre lang habe ich auf richterliche Anweisung mit ihr gearbeitet, und es war härteste „Knochenarbeit“. Am Ende beschloss sie, ihrem Sohn Alex zuliebe eine „gute Mutter“ zu werden, obwohl er ihr behördlich weggenommen worden war. Wenn sie sich über ihre Nachbarin ärgerte und spontan eine Vase an die Wand knallen wollte (was schon vorgekommen war), hielt sie inne - Alex zuliebe. Wenn sie an ihrer Arbeitsstelle meinte, eine Kollegin werde ihr vom Chef vorgezogen, dann verzichtete sie auf eine hinterhältige Diffamierung der Kollegin (ihr übliches Verhaltensmuster) - Alex zuliebe. Wenn sie wie früher ein leichtes Unwohlsein benützen wollte, um sich für sechs Tage krank zu melden, so riss sie sich zusammen und verrichtete klaglos ihre Arbeit - Alex zuliebe. Jahre später gebar sie ein zweites Kind und erwies sich als das, was sie tatsächlich geworden war: als eine „gute Mutter“, an der das wachsame Jugendamt nichts auszusetzen hatte. Auf einer Abschiedskarte schrieb sie mir: „Das Wissen um meine Schuld hat mich geläutert. Ich kann die Schuld an Alex nicht wiedergutmachen, aber alles Gute, das ich jetzt tue, tue ich aus dem Wissen heraus, dass ich etwas gutzumachen habe, und es gelingt mir immer besser. Wenn Alex erwachsen ist, werde ich mit ihm darüber sprechen und ihn um Vergebung bitten ..."

Ja, das Wörtchen „zuliebe" ist schon ein Zauberwort! Die herkömmliche Psychologie begegnet ihm mit Misstrauen, doch meine Erfahrung ist die, dass ihm, wenn es ehrlich gemeint ist, eine ungeheure Kraft innewohnt. Es hilft uns schwachen Menschen, Aggressionsimpulse zu entschärfen, Hassgefühle und perverse Wünsche zu zähmen und im schlimmsten Fall unsere schuldbeladene Seele zu retten. Oder global ausgedrückt: Schuld ist ein Kapitel der Menschheit, dessen blutige Niederschrift jeweils nur dann nicht ganz umsonst gewesen ist, wenn sie zu einem nächsten sozialeren und gerechteren Kapitel überleitet, das aus der Kraft des „einander zuliebe" gespeist wird.

Missbrauch und Befreiung

„Ich werde Alex um Vergebung bitten“, hat die Mutter aus obigem Beispiel gesagt. Kann man in so schweren Fällen von Gewalt und Missbrauch überhaupt vergeben? Da ich selbst kein Missbrauchsopfer bin, fühle ich mich nicht befugt, diese Frage zu beantworten. Ich kann nur erzählen, dass ich Opfer gekannt habe, die diese Frage verneinten, und solche, die sie bejahten. Es ist beeindruckend zu erleben, dass das Schicksal eines Menschen nicht allein über ihn entscheidet.

Diejenigen, die - aus welchen Gründen auch immer - nicht vergeben können, tragen gewissermaßen an einer *doppelten* Last: Sie schleppen mehr als ihre traurigen Erinnerungen mit sich „im Rucksack“ herum. Auch Groll und Wut sind drinnen, die sie gegen ihre einstigen Peiniger empfinden. Mit was für einem schweren Gepäck kämpfen sie sich durchs Leben - durch ihr eigenes Leben ... Ach, könnten sie es doch abwerfen und hinter sich lassen ...

Einer meiner Patientinnen ist es gelungen, nach 40 Jahren! Sie ist als 8-jähriges Mädchen vergewaltigt worden. Nie hat sie mit jemandem darüber gesprochen; damals nicht mit ihrer Mutter, weil sie sich ihrer blutigen Unterwäsche geschämt hat und gedacht hat, ihre Mutter würde mit ihr schimpfen; und später auch nicht. Sie hat sich zu einer mondänen, gebildeten Frau entwickelt, trug aber das Erfahrene immer noch mit sich herum, bis sie es mir im Gespräch anvertraute. Ihr lang verhaltener Zorn wallte hoch. Welch abscheulicher Mann, und sie hatte in ihrer Gehemmtheit als Kind verhindert, dass er angezeigt wurde!

Ich wollte ihr helfen, diese alte Angelegenheit konstruktiv abzuschließen. Deshalb schlug ich vor, dass sie sich mit ihrem Vergewaltiger ein für alle Mal „ausspreche" und auseinandersetze. Sie glaubte nicht recht zu hören, denn sie kannte den Mann nicht; auch mochte er gar nicht mehr am Leben sein. Dessen ungeachtet erklärte ich ihr, dass sie sich in ihrer Vorstellung mit ihm treffen und Zwiesprache halten könne, und dass es „für die Ewigkeit" genauso sein werde, als sei sie ihm noch einmal begegnet. Sie solle sich einen stillen, abgeschiedenen Ort für das imaginäre Rendezvous aussuchen, und den Mann dort *auf sich zukommen lassen*, als sei er leibhaftig anwesend. Ferner gab ich ihr ein paar gedankliche Stützen mit auf den Weg.

Einige Wochen später erschien meine Patientin heiter und gelöst. Sie berichtete mir, sie sei an einem regnerischen Tag am Rande der Isar gewesen, weit und breit allein. Da habe sie meinen Rat befolgt und beschlossen, sich in ihrer Fantasie ihrem einstigen Vergewaltiger zu stellen. Wie in einem Wachtraum sei er auf sie zugeschritten, mit demselben schwarzen Haar, an das sie sich noch erinnern konnte. Er sei stumm vor ihr stehen geblieben, und schließlich seien sie gemeinsam dem Flussufer entlanggegangen. Da habe sie zu reden begonnen und ihm unterbreitet, welche Schmerzen, Ängste und Schamgefühle sie seinetwegen als Kind durchgemacht, und wie sie alles aus Unverständnis verschwiegen hatte. Wie es sie jahrelang belastet hatte. Er habe zugehört, ohne sich zu verteidigen.

Nach einer Weile sei sie ruhiger geworden, und mit der Zeit sogar ein bisschen neugierig auf ihn. „Jetzt sag mir, wer *du* bist“, habe sie ihn aufgefordert. „Wie bist du aufgewachsen, wie auf die schiefe Bahn geraten?“ Er habe ihr leise geantwortet, dass er in einem Kinderheim aufgewachsen sei, immer unter gleichaltrigen Jungen, dass er sich später nicht an Frauen herangewagt habe und unter dem erwachenden Trieb und in seiner Scheu angefangen habe, kleinen Mädchen aufzulauern. Sie sei nicht die Einzige gewesen ... Mit der Zeit habe er diese schreckliche Phase überwunden und geheiratet; seither sei nichts Abartiges mehr vorgefallen. Aber er verstehe sehr wohl, was das Verschweigen des Vorfalls für sie bedeutet haben müsse, denn *auch er* habe ein Leben lang geschwiegen und seine furchtbare Schuld tief in seiner Brust vergraben. Jeder - seine Freunde, seine Frau auch - hätte ihn ja zutiefst verachtet, wenn er sich zu seinen Vergehen bekannt hätte ...

Während die Patientin ihm - immer noch in ihrer Vorstellung - lauschte, entwichen allmählich ihre negativen Gefühle. Sie schaute in den Fluss, und ihr war, als ob die Wasser ihren Zorn hinwegschwemmten. Plötzlich hielt ihr Begleiter an, wandte sich ihr zu und kniete wortlos vor ihr nieder. Da beugte sie den Kopf zu ihm hinunter und sagte spontan: „Du armer Mann!“ Danach ging sie, ohne sich umzudrehen, auf ihrem Weg weiter, und der kniende Mann blieb hinter ihr zurück, wurde kleiner und kleiner und kleiner - und verschwand.

Die Patientin war frei.

Und was ist mit denen, die ein solches Bravourstück nicht zustande bringen? Auch sie haben eine Chance! Das Problem ist: Sie schleppen nicht nur den Groll über die fremde Schuld mit sich herum, sie stehen auch mit ihrem eigenen Versagen und Vergehen hilflos da. Denn wie könnten sie, die nicht vergeben, darauf bauen, dass *ihnen* dereinst vergeben wird? Doch vielleicht ist es das Wesen der Gnade, dass sie sogar „gegen den Uhrzeigersinn“ zu wirken mag, indem jene, die wider alle Vernunft darauf bauen, dass *ihnen* vergeben wird, endlich selber vergeben können?

Eine Weihnachtsgeschichte für alle Jahreszeiten

Weihnachten ist nicht nur im Dezember. Weihnachten ist eine Verheißung ohne Ablaufdatum. Die Ankunft des „Kindes“ ist die Idee des „euch zuliebe“ schlechthin. Es gibt viele Weisheitslehren rund um den Erdball, doch keine Botschaft ist von solcher Eindringlichkeit und Brisanz wie die Weihnachtsbotschaft. Gelegentlich erlebt man das in der angewandten Psychotherapie „hautnah“. Es gibt seelische Verhärtungen, die sich nach Jahrzehnten lösen. Es gibt grimmig-böse Menschen, die sich ohne ersichtlichen Anlass bekehren. Es geschehen Wunder, und der Psychologe hat keine Ahnung, wieso ...

Eine kleine Weihnachtsgeschichte von einem unbekannten Autor, die ich einmal in einer Kirchenzeitschrift fand, symbolisiert diese über allem bis zuletzt offene Heilungschance auf kindlich schlichte Art. Dadurch avanciert sie geradezu zu einer „wahren Geschichte“ in dem Sinne, den Viktor E. Frankl im Auge hatte, als er (im Buch „Der unbewusste Gott“, dtv, München, 7. Auflage 1992) fragte: *„Ist es nicht so, dass die Annäherung an das Geheimnis und Rätsel der höchsten Wahrheit eher auf dem symbolischen Wege als auf einem bloß abstrakten etwas hergibt? Konrad Lorenz - der Naturwissenschaftler Konrad Lorenz! - war es, der im Rahmen eines Fernsehinterviews wörtlich sagte: ‚Wenn Sie global den Wahrheitsgehalt* *einer Weltanschauung betrachten, den Wahrheitsgehalt der Hinterhuberbäuerin in Grünau und den Wahrheitsgehalt der Weltanschauung von B. F. Skinner, so kommen Sie darauf, dass die Bäuerin, die an die unbefleckte Empfängnis Mariens und an den lieben Gott und alle Heiligen glaubt, der Wahrheit näher ist als der Behaviorist.'"*

Lassen wir uns also von der Geschichte des unbekannten Autors anrühren, die wahrer sein könnte, als die Vernunft begreift:

Mit den Hirten betrat ich den Stall und schaute mich um. Ich sah die Tiere, Maria und Josef und die Krippe. Ich schaute das Kind an, und das Kind schaute mich an. Plötzlich bekam ich einen Schreck und Tränen traten mir in die Augen. „Warum weinst du?", fragte das Jesuskind. „Weil ich dir nichts mitgebracht habe!"

„Ich möchte aber gern etwas von dir bekommen", sagte das Jesuskind. Da wurde ich rot vor Freude. „Ich will dir alles schenken, was ich habe", entgegnete ich. „Drei Dinge möchte ich gern von dir", sagte das Jesuskind. Ich fiel ihm gleich ins Wort. „Meinen neuen Mantel, mein Fahrrad und mein spannendes Buch?" „Nein", erwiderte das Jesuskind, „das alles brauche ich nicht. Dazu bin ich nicht auf die Erde gekommen. Ich möchte etwas ganz anderes von dir haben."

Ich überlegte. „Was denn?“, fragte ich unsicher. „Schenk mir deinen letzten Aufsatz“, sagte das Kind leise, damit es niemand hören konnte. Ich erschrak. „Jesus“, stotterte ich und kam ganz nah an die Krippe heran, „da hat doch der Lehrer ‚nicht genügend‘ darunter geschrieben“. „Eben deshalb möchte ich ihn haben.“ „Aber warum denn?“, fragte ich. „Du sollst mir immer das bringen, wo ‚nicht genügend‘ darunter steht. Versprichst du mir das?“ „Ja, sehr gern“, antwortete ich.

„Ich möchte noch ein zweites Geschenk von dir“, sagte das Jesuskind. Hilflos guckte ich umher. „Deinen Trinkbecher“, fuhr das Kind fort. „Aber den habe ich heute morgen zerbrochen“, entgegnete ich. „Du sollst mir immer das bringen, was du in deinem Leben zerbrochen hast. Ich will es wieder heil machen. Gibst du mir auch das?“ „Das ist schwer. Aber wenn du mir dabei hilfst!“

„Nun mein dritter Wunsch“, sagte das Jesuskind. „Bring mir die Antwort, die du deiner Mutter gegeben hast, als sie fragte, wie denn der Becher kaputt gegangen sei.“ Da legte ich die Stirn auf die Kante der Krippe und weinte. „Ich, ich, ich ...“, brachte ich unter Schluchzen heraus, „in Wahrheit habe ich den Becher nicht umgestoßen, sondern ihn absichtlich auf den Boden geworfen, weil ich wütend war auf meine Mutter.“ „Ja“, sagte das Kind, „bring mir immer alle deine Lügen, deinen Trotz, deine Enttäuschung, dei-

nen Ärger, dein Böses, was du getan hast. Ich will dich annehmen und dir vergeben. Ich will dich an deiner Hand nehmen und dich führen.“

Und ich schaute, hörte und staunte ...

Inszeniertes Drama: die Hysterie

Eine seelische Krankheitsform, bei der den Betreffenden jegliches „zuliebe" abhandengekommen zu sein scheint, ist die Hysterie. In modernen Diagnosekatalogen findet man sie unter den Fachausdrücken „multiple" oder „dissoziative Persönlichkeit", „somatoforme Störung (Konversionsneurose)", „histrionisches Verhaltensmuster" und manchmal auch in Verwechslung bzw. Vermischung mit dem „Borderline-Syndrom". Da diese Fachausdrücke jeweils nur eine bestimmte Facette der Hysterie akzentuieren, möchte ich hier der Einfachheit halber den ursprünglichen Namen beibehalten. Der Nachteil ist, dass der Begriff „hysterisch" im Volksempfinden einen kränkend-negativen Beigeschmack hat. Man assoziiert damit das abschreckende Getue überspannter Frauen, aber Hysteriker können sich auch sehr sanft und lieblich präsentieren - wenn es in ihr Szenario passt. Viktor E. Frankl listete drei wesentliche Merkmale des hysterischen Charakters auf: *Unechtheit, krankhafter Egoismus, berechnendes Wesen*.

Mit Unechtheit ist gemeint, dass hysterische Personen geborene Schauspieler sind, die problemlos von einer Rolle in die nächste wechseln können, wobei ihr wahres Ich kaum zum Vorschein kommt. Offenbar ist es so armselig, so verkümmert, dass es hinter der jeweils gespielten Rolle fast völlig verschwindet. Ein hysterischer Mensch kann herzzerreißend weinen und sich dabei königlich amüsieren, und umgekehrt; er kann forsch-fröhlich auftreten und dabei zuinnerst verzagt sein. Dazu kommt, dass die Rollen, die er spielt, meist schlau berechnet sind, um ihm einen schnellen Gewinn an Aufmerksamkeit und Zuwendung seitens anderer Personen zu verschaffen. Die besondere Gabe, seinen Körper stark beeinflussen zu können (Konversionsfähigkeit), ist ihm dabei von großem Nutzen.

Da hysterische Verhaltensweisen Szenen vor zuhörendem und zusehendem Publikum darstellen, können talentierte Hysteriker auch rührend ansprechende Rollen inszenieren, wenn dies ihren verborgenen Zwecken dient. Sie können mitfühlend, verständnisvoll, opferbereit und zutiefst freundlich *erscheinen*, wenn sie es für günstig halten. Viele merken genau, wann der richtige Zeitpunkt für einen „Auftritt“ gekommen ist, und variieren diesen je nach Vorhaben und Publikum so geschickt, dass sie aus ihrer Darstellung optimale Vorteile ziehen. Wie gesagt bedienen sie sich nicht selten ihres eigenen Körpers, um die Echtheit anschaulich zu demonstrieren, wofür sich Ohnmachtsanfälle, Weinkrämpfe, Fieberschübe, Lähmungen etc. hervorragend eignen. Je besser sie jemanden damit täuschen können (der dann alles stehen und liegen lässt und sich überbesorgt um sie kümmert), desto häufiger wird diesem gegenüber nach der bewährten Methode verfahren, wodurch hysterische Personen mitunter ihre ganze Familie in Atem halten, die ständig darauf bedacht ist, ihnen nur jeden Wunsch von den Augen abzulesen, damit kein neuerlicher „Anfall" geschieht.

Vom krankhaften Egoismus ist es nicht weit hin bis zur ungenierten Erpressung, die hysterische Personen glänzend beherrschen; und geht es nicht anders, so wird mit Selbstmord gedroht oder sogar ein Mini-Selbstmordversuch in Szene gesetzt, was auch den widerstandsfähigsten Gegner „weich klopft".

Das ideale Heilmittel wäre natürlich, solche Personen konsequent um die von ihnen berechnete Wirkung zu bringen. Leider aber gehen hysterische Auftritte, falls ihre Wirkung ausbleibt, also das Publikum nicht entsprechend reagiert, nicht schlagartig zurück. Im Gegenteil, es werden die bisher funktionierenden Methoden gesteigert, um schlussendlich doch noch die gewünschte (und nunmehr vermisste) Wirkung zu erzielen. „Schweres Geschütz" wie körperliche Zusammenbrüche oder demonstrative Kurzschlussgefährdung wird aufgefahren - und der Hysteriker setzt sich leise triumphierend durch. So kann man zum Beispiel von einem heimkehrenden Familienmitglied nicht verlangen, dass es an „geritzten Pulsadern auf blutverschmiertem Kissen" achselzuckend vorübergeht. Schon ist wiederum ein Stück Zuwendung abgepresst worden ...

Angesichts körperlicher oder seelischer Notsignale ist für die Mitwelt (und sogar für Ärzte!) oft kaum erkennbar, was echt ist und was nicht. Das ist eben das Fatale an der Problematik: Sie hält sich selbst in Gang, weil die hysterische Symptomatik stetig „belohnt" wird. Eine Großmutter, die immer dann sterbenskrank wird, wenn ihre sie pflegende Tochter in Urlaub fahren will, erreicht glatt, dass ihre Tochter etwaige Urlaubspläne gänzlich einstellt. Eine Ehefrau, die immer dann eine Herzattacke bekommt, wenn ihr Mann seine Freunde besucht, erzieht ihn dazu, jede Freundschaft aufzugeben.

Was hilft, einen solch unglückseligen Prozess zu stoppen? Seitens der Angehörigen hilft nur, zu dem Kranken auf Abstand zu gehen, um dessen erpresserischen Spielchen zu entrinnen. Eine traurige Lösung mit viel Schmerz auf beiden Seiten! Die bessere und wirklich glanzvolle Lösung läge in der Hand des Hysterikers. Und zwar bestünde sie darin, dass dieser sukzessive auf seine „Auftritte" verzichtete, obwohl sie die von ihm gewünschte Wirkung versprächen. Warum sollte er dies - entgegen seinen eigenen Intentionen - tun? Wir können ihm schon ein Warum unterbreiten: Damit er eine Chance bekommt, die Liebe doch noch kennenzulernen! Denn: *der Hysteriker wird nicht geliebt*. Niemand mag ihn. Wer kann, der flüchtet vor ihm, und wer nicht kann, gewährt ihm erzwungene Zuwendung bei innerer Abneigung. Hysteriker zählen in Wahrheit zu den ärmsten Menschen. Was sie sich über Krankheiten holen, ist nichts wert. Ließen sie im Gegensatz dazu alles los, was sie sich holen wollen, verzichteten sie auf allen ersehnten Aufmerksamkeitsgewinn und lebten sie besonnen und bescheiden, könnte ihnen das Glück ganz unerwartet begegnen. Die Oma, die ihrer sie pflegenden Tochter eine Urlaubsreise schenken würde, bekäme eine freiwillige Umarmung als Dank. Die Frau, die ihrem Mann einen selbstgebackenen Apfelkuchen für seine Freunde mitgäbe, bekäme einen herzlichen Kuss auf die Stirn.

Die Hysterie ist eine Krankheit, die nur mit der Paradoxie zu heilen ist, die Frankl in die wunderschönen Worte gekleidet hat:

„Nicht, was ich behalte, behält Wert,
sondern was ich opfere, erhält Wert.“

Variiert:

Nicht, was ich anderen abpresse,
stillt meinen Liebeshunger,
sondern was ich an andere preisgebe,
macht mich satt.

Ist Belohnung effizient?

In der Psychotherapie ist die (verhaltenstherapeutische) Idee verbreitet, Verhaltensmuster wie die des Hysterikers durch ein ausgetüfteltes Belohnungssystem einzudämmen. Ein Ehemann soll seine Frau am Abend eines jeden Tages loben, an dem sie ihn nicht mit demonstrativen Wehwehchen gequält hat. Es wird eine Liste angelegt, in die sie „Punkte für erwünschtes Verhalten" eintragen darf, und für 25 gesammelte Punkte gibt es einen Shoppingausflug. Der Haken an der Sache ist nicht nur die eher primitive „Dressur-Strategie", sondern auch, dass die berechnende Komponente bei solchen Patienten damit noch verstärkt wird. Alsbald fragen Patienten: „Was bekomme ich dafür, wenn ich mich normal verhalte?" Ein Feilschen um Gewinne beginnt ...

Eventuell geeignet ist ein Belohnungssystem für Kinder, die noch kaum Zugang zu einer selbst auferlegten Selbstdisziplin um eines Wertes willen haben. Und doch ist auch in diesem Fall Skepsis angebracht. Von 1973 bis 1986 habe ich in Erziehungs- und Familienberatungsstellen gearbeitet, neun Jahre davon in leitender Position. In dieser Zeit habe ich gemeinsam mit

Heilpädagoginnen u. a. verhaltenstherapeutische Programme bei auffälligen Kindern erprobt. Ich erinnere mich an ein Mädchen, das sich für jeden Tag, an dem es seinen kleinen Bruder nicht boxte, eine Spielsonne in den Kalender kleben durfte. Es freute sich über die Bildchen, und das Boxen hörte auf. Wehe aber, wenn das Mädchen an einem Tag seine Spielsonne bereits verwirkt hatte, weil es morgens „irrtümlich" wieder einmal geboxt hatte. Dann war ihm klar, dass es den ganzen Tag lang boxen konnte, soviel es wollte, da es sowieso kein Bildchen mehr zu erwarten hatte. Also holte es alles an Boxschlägen nach, worauf es in den vergangenen Wochen verzichtet hatte, um die Spielsonnen zu erhalten.

Sieht so eine „erfolgreiche Verhaltensänderung" aus? Ich erinnere mich an einen Jungen, der versprochen bekam, an jedem Tag, an dem er sorgfältig seine Hausaufgaben machen würde, 50 Pfennig zu erhalten. Da er auf ein kleines Kofferradio sparte, gab er sich plötzlich große Mühe mit seinen Schularbeiten. Doch eines Sonntags kam seine Oma zu Besuch und schenkte ihm 30 DM. Von dieser Stunde an schlampte der Junge bei den Hausaufgaben wie früher, weil er genügend Geld für sein Radio beisammen hatte.

Das therapeutische Programm wurde abgewandelt. Nunmehr durfte der Junge nach jeder ordentlichen Aufgabenerledigung eine Stunde lang Radio hören; wurden die Schularbeiten hingegen vernachlässigt, gab es keine Radiomusik. Wieder ging es einigermaßen gut mit ihm, allerdings nur solange, als ihn das neue Radio interessierte. Später wollte er lieber Comics lesen als Radio hören, daher kritzelte er seine Hausaufgaben erneut flüchtig hin und legte sich danach ohne Radiomusik auf sein Bett, um Heftchen zu lesen.

Das Programm sollte nochmals variiert werden, aber ich spielte nicht mehr mit. Man soll einem Kind die Erfüllung seiner kleinen Pflichten nicht „abkaufen“, weil jeder Mensch irgendwann lernen muss, seine Pflichten auch ohne unmittelbare Belohnung zu erfüllen.

Ein anderer Junge, der nach verhaltenstherapeutischem Programm jeden Samstag schwimmen gehen durfte, wenn er während der ganzen Woche kein Geld aus Mutters Geldbörse geklaut hatte, nahm eines Tages seelenruhig einen Hundertmarkschein seiner Mutter an sich, um eine Quarzuhr zu erstehen. Darauf angesprochen erklärte er, die Uhr sei ihm wesentlich lieber gewesen als das übliche Bad, und er könne ja nächste Woche wieder schwimmen gehen ...

Man sieht, die konsequente Belohnung für erwünschtes Verhalten, wie sie in Therapie und Pädagogik eingesetzt wird, hat ihre Grenzen, und zwar genau dort, wo versäumt wird, gleichzeitig *Wertstrukturen* zu vermitteln, die die egozentrische Frage „Was hab' ich davon?“ überschreitend hinlenken zur Frage:

„Ist das gut, was ich tue –
gut für uns alle, die wir in dieser Situation
miteinander verbunden sind?“

In diesem Zusammenhang eine verblüffende Story. Eine 16-Jährige berichtete mir von nächtlichen Angstträumen, bei denen sie aufschrie und sich im Bett hin und her warf, was ihre Eltern stets aufweckte. Diese kamen sofort angetrabt, um sie zu beruhigen, woraufhin sie friedlich einschlief. Die Eltern jedoch konnten nach solch nächtlichen Intermezzos vor lauter Sorgen um die Tochter nicht mehr einschlafen mit der Folge, dass sie tags darauf übernächtigt und müde waren. Bevor ich mich auf die Inhalte der Träume einließ, fragte ich die junge Klientin, ob sie in den Ferienlagern, von denen sie mir erzählt hatte, ebenfalls Angstträume gehabt hatte, was sie verneinte. Nie – sie war selbst erstaunt darüber. Dort kam eben niemand, um sie zu trösten! Ihre Ferienkolleginnen hätten sich über eine nächtliche Störung bloß beschwert. Da machte ich ihr einen ungewöhnlichen Vorschlag. Sie könne träumen, was sie wolle, aber sie solle sich abends im Bett fest vornehmen, künftig den Schlaf ihrer Eltern zu behüten und diese nicht mehr aufzuwecken. Freilich werde es dann auch keine liebevollen Beruhigungsversuche der Eltern mehr geben, und sie müsse sich eigenständig in den Schlaf „zurückwiegen“, aber das frohe Gefühl, etwas Gutes für ihre Eltern getan zu haben, werde ihr dabei helfen.

Sie wandte ein, sie schreie nicht absichtlich, sie könne ihre Emotionen nicht willentlich steuern usw., aber ich blieb dabei, sie möge es ausprobieren. Was geschah? Die Angstträume hörten auf. Eigentlich schade, denn ich wollte ihre Inhalte doch ein wenig unter die therapeutische Lupe nehmen, aber sie wichen so schlagartig, dass die junge Klientin sie innerhalb kürzester Zeit vergessen hatte.

Es ist merkwürdig: Eine „Belohnung" (Intervention der Eltern) ist in diesem Falle gestrichen worden. Und gerade durch das freiwillige Loslassen dieser „Belohnung" hat Heilung stattgefunden.

Der gesunde Widerstand

Ich bin einmal gefragt worden, ob Patienten nicht häufig Widerstand leisten gegen die von einem Psychotherapeuten angewandten Methoden. Damals antwortete ich, dass ein Widerstand im Prinzip eine *positive Kraft* sei bzw. als eine solche genutzt werden könne; denn körperlich oder seelisch Kranke sind - auch wenn manches Elend „selbstgemacht" ist - irgendwie „vom Schicksal geschlagene Menschen". Und deshalb ist es nötig, dass sie dem Schicksal - oder auch ihren eigenen Fehlern - nachhaltig die Stirn bieten und immer wieder neu durchstarten. Viktor E. Frankl baute in den Dialogen mit seinen Patienten sehr viel auf deren „Trotzmacht des Geistes", wie er ihr Widerstandspotenzial nannte, und forderte sie auf, kräftig davon Gebrauch zu machen, sobald kritische Gewohnheiten sie zu übermannen drohten oder fatale Ärgernisse ihren Weg kreuzten.

Man könnte die von ihm entwickelte Logotherapie insgesamt als eine „Widerstandsbewegung" charakterisieren, insofern nämlich, als Frankl selbst darauf hinwies, dass „die Ausgangsposition der Logotherapie eine Opposition gewesen ist, und zwar eine Opposition gegen den die Psychotherapie beherrschenden Psychologismus“ (aus: „Der leidende Mensch“, Huber, Bern 1984). Wobei Psychologismus bedeutet, dass fast alle menschlichen Äußerungen - ungeachtet ihrer Echtheit - auf unbewusste, vorrangig pathologische Motive zurückgeführt werden.

Frankl erzählte dazu den lehrreichen Fall eines amerikanischen Diplomaten, der fünf Jahre lang in psychoanalytischer Behandlung gestanden hatte, ohne dass eine Besserung eingetreten wäre, bis er mithilfe einer einzigen logotherapeutischen Aussprache gesundete (aus: „Das Leiden am sinnlosen Leben“, Herder, Freiburg i. Br., 2003). Es handelte sich um die einfache Tatsache, dass der Patient seine diplomatische Karriere aufzugeben erwog, was sein Analytiker beharrlich als „unversöhnlichen Kampf des Patienten gegen dessen Vaterimago (Freud)“ interpretierte.

Fünf Jahre lang dauerte das Theoretisieren zwischen den Deutungen des Therapeuten und dem Widerstand des Patienten, bis der Diplomat, dem es immer schlechter ging, schließlich Frankl aufsuchte. Dieser erkannte die Echtheit des Wunsches nach einem anderen Betätigungsfeld und riet dem Patienten dringend, seiner inneren Berufung zu folgen. Er ermutigte ihn, gewisse Brücken hinter sich abzubrechen, die zu keinen zukunftsträchtigen Ufern mehr führten, und stattdessen ein Engagement zu übernehmen, mit dem er sich identifizieren konnte. Der Patient tauchte aus seiner Apa-

thie auf, vollzog eine berufliche Kehrtwende, begnügte
sich mit einem geringeren Einkommen, erfreute sich an
einem für ihn interessanten Wirkungsbereich und ge-
wann seine seelische Stabilität zurück. Die sowieso in-
takte Beziehung zu seinem Vater blieb davon unange-
Wtastet, obwohl der Vater über die abrupte Beendigung
der Diplomatenlaufbahn seines Sohnes zunächst er-
schrocken war. Den Sohn aber wieder froh gesinnt zu
erleben, wog alle seine Bedenken auf.

Im beschriebenen Fall hat der Patient seinem Thera-
peuten buchstäblich zu wenig Widerstand geleistet. Er
hätte die fruchtlose (und sicher nicht billige) Behand-
lung längst abbrechen sollen, um besseren Rat zu su-
chen. Was jedoch noch gravierender ist, ist der Um-
stand, dass er längst schon einen ganz anderen
Widerstand hätte mobilisieren müssen, nämlich einen
gegen ein Trägheitsmoment in sich selbst. Er merkte, er
spürte, er wusste, dass er auf dem falschen Platz gelan-
det war. Er litt - und setzte seinen beruflichen Werde-
gang unverändert fort. Warum? Das geht aus Frankls
Bericht leider nicht hervor. Es mag die Scham des Pati-
enten gewesen sein, seinen Eltern und Bekannten ein-
zugestehen, dass er sich in seiner Berufswahl geirrt hat-
te. Es mag die Angst gewesen sein, für untauglich
gehalten zu werden. Oder auch die Angst, keine ver-
nünftige Alternative zu finden und sozial wie finanziell
abzurutschen. Es mag die Scheu vor der großen An-

strengung gewesen sein, die jegliches Umsatteln eben verlangt. Vielleicht ist es die Bequemlichkeit gewesen, die ihn von einer Umorientierung abgehalten hat. Oder es hat ihn der Reiz von Ansehen und Macht im Diplomatencorps daran gehindert, am erworbenen Status zu rütteln. Was es auch war, *dagegen*: gegen Scham, Angst, Scheu, Hang zur Bequemlichkeit oder Verlockungen wäre ein Widerstand des Patienten angebracht gewesen.

Der Mensch - und nur der Mensch - ist in der Lage, sich geistig von seiner körperlichen und psychischen Befindlichkeit ein wenig zu distanzieren. Das ist eine wahre „Revolution der Evolution"! Kraft dieser Selbstdistanzierungsfähigkeit kann der Mensch sozusagen auf Abstand gehen zu dem, was in ihm „tickt". Er kann Schmerzen widerstehen, Ängsten ins Gesicht lachen, Faulheit trotzen oder Machtgier überwinden. Er muss nicht Sklave seiner Triebe, Gefühle und Lerngeschichte bleiben, *er muss sich von sich selbst nicht alles gefallen lassen*. Wichtig ist nur, dass er sich an einer inneren Richtschnur entlangtastet, die ihm über feine Gewissensempfindungen signalisiert, was wert ist, beibehalten zu werden, und was *des Widerstandes bedarf*.

Frankls Patient hat den Absprung aus einem für ihn unpassenden Arbeitsplatz geschafft. Er ist in einen seinen Fähigkeiten entsprechenden Wirkungsbereich hinübergewechselt. Er ist zufrieden geworden. Prima. Aber hoffen wir, dass er aus dem Gespräch mit Frankl noch mehr profitiert hat. Hoffen wir, dass er gelernt hat, Widerstand zu leisten - nicht nur gegen irgendwelche Personen, die ihn manipulieren wollen, sondern vor allem seinen eigenen Schwächen gegenüber, die ihn nicht minder manipulieren, wenn er sie wuchern lässt.

Es gibt einen gesunden Widerstand
gegen alles,
was dem Gewissen zuwider ist.

VERTRAUEN GEWINNEN

Irrationale Schuldgefühle

Seit Freuds Tagen hat die junge Wissenschaft der Psychotherapie eine Menge dazugelernt. Die Fachleute sind mit ihren Interpretationen vorsichtiger geworden, und nur „Ewiggestrige“ tappen noch in die Falle des Psychologismus. Es kommt jedoch vor, dass Patienten sich selbst fehlinterpretieren. Unter ihnen gibt es welche, die irrtümlich jedes Unglück in ihrem Umkreis eigenem Versagen zuschreiben und sich dadurch völlig überflüssige Schuldgefühle aufhalsen. In der Fachsprache spricht man dann von „irrationalen Schuldgefühlen“, die keinen realistischen Untergrund haben, sondern lediglich einer tief greifenden Unsicherheit und einem Mangel an Selbstbewusstsein entspringen. Selbstverständlich ist auch der Neigung zu irrationalen Schuldgefühlen Widerstand zu leisten, was am besten mittels Humor geschieht, der das ideale Instrument dafür ist, um Lächerlichkeiten „lächelnd“ als Lächerlichkeiten zu entlarven.

Ein Gesprächsfragment aus der psychotherapeutischen Praxis soll eine solche Entlarvung demonstrieren:

Frau X: „Ich glaube, ich bin an meiner Tochter schuldig geworden."

Ich: „Können Sie mir dies näher erklären?"

Frau X: „Ja. Zum Beispiel hat sie oft Bronchitis, weil ich sie als Kind immer so warm angezogen habe. Jetzt ist sie zu wenig abgehärtet und erkältet sich schnell. Ich habe alles falsch gemacht ..."

Ich: „Sie haben Ihre Tochter immer sorgfältig gekleidet und im Winter warm gehalten?"

Frau X: „Ja, so war es."

Ich: „Nehmen wir einmal an, Frau X, Sie hätten Ihre Tochter stattdessen recht sorglos angezogen. Sie hätten sie im Winter ohne Schal und Mütze und im Februar schon mit Kniestrümpfen herumlaufen lassen. Später hätte sie nun Bronchitis bekommen. Hätten Sie dann beruhigt gedacht, dass es an Ihnen nicht liegen könne?"

Frau X (nachdenklich): „Das glaube ich nicht. Nein, wenn ich es recht bedenke, hätte ich wahrscheinlich auch gemeint, ich sei an ihrer Krankheit schuld, weil ich sie *nicht* genügend warm angezogen habe. Ohne Schal und Mütze - da hätte ich mir schon Vorwürfe gemacht!"

Ich: „Verstehe ich richtig, dass Sie in jedem Fall an der Bronchitis Ihrer Tochter schuld sind, egal, was Sie getan haben?"

Frau X (schmunzelnd): „Das ist eigentlich blöd. Man weiß ja gar nicht genau, woher die Krankheit kommt ..."

Ich: „Richtig. Auch Kinder aus einem optimalen Erziehungsmilieu sind vor Krankheit nicht gefeit. Wir sind uns also einig, dass die Bronchitis Ihrer Tochter nicht auf Ihr Schuldkonto geht?"

Frau X (zögernd): „Ja."

Ich: „Ja oder nein?"

Frau X: „Es stimmt schon, bloß mein Gefühl …"

Ich: „Frau X, ich weiß einen guten Trick, wie Sie Ihr Gefühl überlisten können. Versuchen Sie es mit einer Gegenübertreibung. Sagen Sie zu sich selbst: ‚Unerhört, was ich für eine schlimme Mutter bin! Da habe ich doch tatsächlich meine Kleine in den kalten Jahreszeiten immer hübsch warm verpackt, damit sie als Erwachsene dauernd krank ist, was leider nicht ganz gelungen ist. Sie hat nur gelegentlich Bronchitis. Trotzdem werde ich mein Rezept an andere Mütter weitergeben, denn schließlich müssen die Ärzte ja auch etwas verdienen …'"

Frau X (lachend): „So ein Unsinn!"

Ich: „Was antwortet Ihr Gefühl?"

Frau X: „Es lacht mit mir. Ich bin wirklich erleichtert."

Ich: „Jetzt müssen Sie nur noch entscheiden, ob Sie sich Ihre unsinnigen Schuldgefühle weiterhin ‚als Luxus' leisten oder ob Sie sie endgültig ablegen wollen?"

Frau X: „Na, für *den* ‚Luxus' danke ich! Ich bin fürs Ablegen."

Ich: „In Ordnung. Unter meinem Tisch ist reichlich

Platz. Ich schlage vor, sie lassen sie hier, und ich werde sie entsorgen. Doch seien Sie in Zukunft sparsam mit Selbstanklagen! Alles Böse, das Sie je *in böser Absicht* vollbracht haben, dürfen Sie gerne bereuen, aber alles Übrige liegt in der Verantwortung anderer Personen oder in des Zufalls Hand und ist nicht Ihre Sache. Werden Sie dies beherzigen?"

Frau X: „Und ob. Das war heute ein sehr wichtiges Gespräch für mich. Und den Trick mit der Gegenübertreibung werde ich mir merken."

Der Einsatz von Paradoxien hat sich in der Psychotherapie vielfach bewährt. Speziell bei „irrationalen Ängsten" und Panikzuständen, denen ein realistischer Untergrund fehlt, kann die logotherapeutische Methode der „Paradoxen Intention" geradezu Wunder wirken. Jemand fürchtet, sich in einer Gesellschaft zu blamieren? Wohlan, hingehen mit dem festen Vorhaben, den Trottel zu spielen! Der Betreffende wird staunen, wie lässig und unverkrampft er die Zusammenkunft meistert. Jemand fürchtet, sich beim Busfahren mit Bakterien anzustecken? Wohlan, mit nackten Armen und Beinen einsteigen und allen herumschwirrenden Bakterien auf der eigenen Haut Asyl gewähren. Der Betreffende wird nicht minder staunen, wie gelassen er die Busfahrt genießt. Bei „irrationalen Spukgeistern" weiß der Kopf längst Bescheid, weiß, dass er sich mit Unsinn herumplagt, nur die Emotionen schießen quer.

Und Emotionen kann man einzig mit Gegen-Emotionen beikommen: der lächerlichen Furcht mit dem (paradox) lächerlichen Wunsch nach dem Befürchteten, der Feigheit mit dem Wagemut, der Angst vor dem Sterben mit der Auslieferung an den Tod. Uralt und weise sind die Heilsparadoxien:

Wer sein Leben gewinnen will,
wird es verlieren –
wer hingegen bereit ist,
es (um einer sinnvollen Sache willen) zu verlieren,
wird es gewinnen …

Irrationale Ängste und Vertrauenskrisen

So absurd die anskizzierte Methodik auch dünken mag, sollte sie doch in keiner „Hausapotheke für seelische Leiden“ fehlen. Ihr Wirkstoff besteht aus einem zu erbringenden Vertrauensvorschuss, der von krank machenden Ängsten befreit und die Lebensfreude wieder ankurbelt.

Krank machende Angst ist, wie bereits dargelegt, unangemessene, überflüssige Angst. Angst dort, wo keine Gefahr droht oder zumindest keine, der es auszuweichen lohnt. Es ist nicht die Angst vor halsbrecherischen Aktionen oder hochriskanten Geschäften, sondern die Angst vor jenen unliebsamen Überraschungen, die jede Situation nun einmal an uns herantragen kann, zum Beispiel eine unerwartete Übelkeit, ein unangenehmes Zusammentreffen, ein peinlicher Ausrutscher, ein Moment des Versagens. In der Fantasie des Überängstlichen blähen sich derlei Vorkommnisse zu gigantischen Katastrophen auf, die auszuhalten er sich nicht vorstellen kann. Er entwickelt Untergangs- und Vernichtungsvisionen, die an die Babyphase erinnern, denn für ein Baby wäre ein Nicht-erhört-Werden seiner angstvollen Verlassenheitsschreie der sichere Untergang.

Da bei der krank machenden Angst keine echten Bedrohungen mit im Spiel sind, müsste die Harmlosigkeit des Gefürchteten eigentlich irgendwann zutage treten und die Angst auslöschen. Dass dies nicht geschieht, was heißt, dass auch mit der Zeit keine Reduzierung der Panikreaktionen zustande kommt, liegt an einem „teuflischen“ Prinzip, das in der Psychologie hinlänglich bekannt ist: Die krank machende Angst macht eben krank. Sie schwächt die Person, beraubt sie ihrer Ressourcen und sorgt für ein Abbröckeln ihrer Selbständigkeit. Damit lässt sie das Gefürchtete immer realer werden: Der Person ist immer öfter übel, sie versagt immer häufiger, sie wird immer weniger für voll genommen. Sie benimmt sich „komisch“, auffällig, und erntet dafür kaum Verständnis, eher soziale Ausklammerung, Diskriminierung, Bevormundung und eine Abstempelung als „verrückt“.

Was ursprünglich eine Ausgeburt der Negativfantasie war, rückt bedrängend näher in echter Ungeheuerlichkeit. Wer beim Autofahren ständig bebend an Unfälle denkt, baut Unfälle. Wer beim Betreten von geschlossenen Räumen sofort an Atemnot und Herzbeklemmung denkt, prädisponiert sich für beides. Kaum schnappt er das erste Mal nach Luft, zieht ihm die Angst die Kehle ganz zu. Wer in Anwesenheit von Autoritätspersonen sogleich an einen Fauxpas denkt, der ihm passieren könnte, hat ihn eine Minute später schon begangen ...

Die Angst fackelt nicht lange, sie zieht das mit Zittern und Zagen Erwartete magnetisch an.

Es gibt nur eine Rettung, und das ist der *Vertrauensvorschuss*. Wobei „Vorschuss" exakt meint, was das Wort besagt, nämlich, dass er sich noch im Zustand des „Unvertrauens", des verloren gegangenen Vertrauens, abgerungen werden muss, geradezu im Moment der ärgsten Vertrauenskrise. Ist dies ein Widerspruch? Oh ja, und was für einer! Der „Spruch der Person wider ihre irrationalen Ängste", der gesunde Trotz des Geistes gegenüber einem entgleisten Gefühlswirrwarr. Ein Widerspruch und Widerstand, der seelische Gefängnisse sprengt und Dimensionen einer Rückkehr ins normale Leben öffnet. Wie sieht er konkret aus?

Viktor E. Frankl hat seine Methode der „Paradoxen Intention" folgendermaßen definiert: *Der Betreffende soll sich just dasjenige (extrem) wünschen, was er so sehr fürchtet.* Autounfälle? Na klar! Wenn, dann schon in Serie! Endlich eine kleine Abwechslung im langweiligen Straßenverkehr. Herzbeklemmung und Atemnöte? Herbei damit! Ein Sonderurlaub im Krankenhaus ist auch nicht zu verachten. Ein Fauxpas bei der Chefbesprechung? Das ist der neue Mitarbeitergag! Die Haare aller Anwesenden zum „Sträuben" bringen, das kann nicht jeder! - Der Widerspruch darf so dumm klingen, wie er will, und mit so viel Humor gewürzt sein, als man nur aufbringen kann, Hauptsache, er übertönt das Getuschel der Angst. Und er ruft hinein ins unendliche

Sein das gar nicht dumme und sehr ernst gemeinte Vorschussvertrauen eines Menschen, der plötzlich bereit geworden ist, sich dem, was er als seine Vernichtung betrachtet, preiszugeben und sich vom tiefsten „Boden des Seins" auffangen zu lassen. So und nicht anders geschieht Rückgewinnung des Urvertrauens.

Im Lichte des Urvertrauens wandelt sich das teuflische Prinzip in ein himmlisches. Die Person muss sich, sobald sie sich gleichsam mit sämtlichen vorgestellten Schrecknissen „einverstanden erklärt hat" und diese sogar imaginativ drollig herbeisehnt, nicht mehr fürchten. Ohne Furcht erledigt sie ihre Aufgaben so gut, wie sie es kann, ohne verkrampft, verklemmt, paralysiert zu sein. Sie bleibt vegetativ stabil: Kein Herzklopfen, keine gepresste Atmung irritieren sie mehr. Sie verhält sich souverän im Straßenverkehr und in der Chefetage. Ihre Selbstsicherheit steigt, der Grad ihres Akzeptiert-Werdens seitens der Mitmenschen ebenfalls. Die irrationalen Ängste verlieren an Macht über sie, während ihre Zuversicht in gelingendes Leben wächst. Das alles wäre schon „himmlisch" genug, aber Urvertrauen hat noch eine umfassendere himmlische Gabe im Beipack. Denn die Zuversicht, die es wachsen lässt, überflügelt zunehmend etwaiges Gelingen und inkludiert sogar etwaiges Misslingen. Und würde man *doch* in einen Autounfall verwickelt werden, und würde einem *doch* eine berufliche Panne unterlaufen, und würde man *doch* eine Krankheit ausbrüten, so senkt sich das Urvertrauen schützend über die Zuversicht und bewahrt sie vor dem Absturz. Der im Urvertrauen geborgene Mensch ist geborgen - komme, was wolle.

Ursprung des Urvertrauens

Das Wort „Rückgewinnung des Urvertrauens" ist gefallen. Stellen wir noch ein paar theoretische Überlegungen dazu an. Zunächst dies: Nur ein Verlorengegangenes kann rückgewonnen werden, und jedes Verlorengegangene ist notwendigerweise ein Zuvor-Dagewesenes. Nun entspricht es der landläufigen Meinung, dass das Urvertrauen eines Menschen in seiner frühesten Kindheit angelegt wird. Dass es aus der Nestwärme eines Säuglings und Kleinkindes in seiner Familie entsteht. Dieses Denkmuster legt das Schwergewicht auf den Milieufaktor. Ängstlich und „urvertrauensschwach" wird demzufolge derjenige, dem schon sehr früh Angst eingejagt worden ist bzw. der Grund hatte, am Angenommensein seiner selbst zu zweifeln. Hält man an dieser Position fest, muss man zu dem Schluss gelangen, dass das Urvertrauen von den Angehörigen eines Menschen erzeugt wird - oder eben in gewissen bedauerlichen Fällen nicht erzeugt wird. Die Bezugspersonen sind dann die „Produzenten" des Urvertrauens beim heranwachsenden Menschen, gute oder schlechte „Produzenten". Haben sie ein Kind von Anfang an zurückgewiesen und haben sie es diese Zurückweisung spüren lassen, so konnte sich bei ihm - in der Logik der genannten Schlussfolgerung - kein Urvertrauen bilden, und das Kind geht auch als Erwachsener voller Sorgen, Selbstzweifel und Ängste durchs Leben.

Demgegenüber erhebt sich die Frage, ob Urvertrauen wirklich auf das *Vertrauen zu Menschen* beschränkt ist. Ein Vertrauen, das nicht nur enttäuscht werden kann, sondern das da oder dort auch einfach nie aufgebaut worden sein kann. Ist Urvertrauen in solch engem Rahmen denkbar? Ist es nicht eher ein tiefgehendes Vertrauen zum Leben schlechthin, wie immer unsere Mitmenschen sein mögen? Ist es wirklich Spiegelbild guter oder schlechter mitmenschlicher Erfahrung, die wir einst gemacht haben, oder spiegelt sich in ihm nicht vielmehr eine *nicht* mitmenschliche Urerfahrung wider, nämlich die Erfahrung, zur Existenz gerufen worden zu sein, also teilhaben zu dürfen am Wunder der Menschwerdung und somit im metaphysischen Sinne urgewollt und urgeliebt zu sein?

In seinen berühmten „Zehn Thesen über die Person" (aus „Der Wille zum Sinn", Piper, München 1991) hat Viktor E. Frankl dazu Stellung genommen. Und zwar in der 10. These, welche lautet: „Die Person begreift sich selbst nicht anders denn von der Transzendenz her." Urvertrauen bedeutete für ihn *den bewussten oder unbewussten Bezug der Person zu ihrem Schöpfer.*

Urvertrauen war für ihn gleichsam ein Synonym für die eine Seite dieses Bezuges, nämlich für den Bezug seitens der Person. Damit aber wäre Urvertrauen etwas *Ursprüngliches*, im Personsein Gelegenes, dem menschlichen Geist Eignendes („Eingehauchtes"), ein Attribut des Geistes, eben eine „Erinnerung" des menschlichen Geistes an seinen Ursprung und seine Heimat, an das Woher und Wohin seiner Existenz. Urvertrauen wäre ein intuitives Vorwissen von etwas, um das rational gar nicht gewusst werden kann, und das folglich auch nicht von Generation zu Generation weitergegeben werden kann. Gleichzeitig wäre es ein sehnsuchtsvolles Ahnen von etwas, das emotional nicht recht einzuordnen ist, weil es sich niemals vollkommen decken würde mit zwischenmenschlich erfahrbarer Nähe und Wärme und Güte. Als geistiger Bezug überschritte es rationale und emotionale Limits und könnte rational und emotional auch nur limitiert vermittelt werden.

Aus dem Gesagten geht hervor, dass Urvertrauen nach logotherapeutischer Doktrin *nicht* als ein im Laufe des Lebens erworbenes Vertrauen zu anderen Menschen definiert wird, dessen Vorhandensein und Stärke damit steht und fällt, wie vertrauens-würdig sich solche andere Menschen, denen jemand begegnet ist, von Anfang an erwiesen haben. Auch wird es *nicht* definiert als die Internalisierung dessen, was andere Menschen einem selbst von Anfang an zugetraut haben. Vielmehr ist es ein Vertrauen, das sich aus der Welt (und durch die mitmenschliche Welt hindurch) in eine „Überwelt" hinein richtet, aus der her eine Person sich angenommen weiß und fühlt - und gäbe es keinen einzigen Menschen, dem zu vertrauen sie Grund hätte, und gäbe es keinen einzigen Menschen, der ihr vertraute! Aus diesem Blickwinkel heraus reduziert sich die Bedeutung von Milieufaktoren, die den Zugang zu ursprünglichen Bezügen verschüttet haben mögen, und es intensiviert sich die Bedeutung jener ursprünglichen Bezüge, die ein Leben lang latent vorhanden bleiben und in einem geistigen Ringen wieder reaktiviert werden können.

Kurzum, die Logotherapie geht von einem Urvertrauen aus, das *stets rückgewinnbar ist, weil es niemals fehlen kann, sondern höchstens verloren worden sein kann* - was entsprechende Konsequenzen für die praktische Arbeit mit pessimistisch angstbesetzten Personen hat. Für die angewandte Psychotherapie bedeutet es, dass die Erforschung sekundärer Belastungsfaktoren auf einen Nebenschauplatz verschoben wird, wohingegen die Frage ins Rampenlicht rückt, wie und mittels welcher Hilfen die Verstellung des Primären durch sekundäre Geschehnisse wieder rückgängig gemacht werden kann.

Verschiedene Interpretationskonzepte

Zur Erörterung der praktischen Handhabung einer Vertrauenskrise in Franklscher Perspektive sei ein Ausschnitt aus einer Patientenniederschrift vorgelegt:

„Bei allem, bei dem etwas passieren könnte, habe ich Angst um mein Leben. Nach dem Motto: ‚Wer sich in Gefahr begibt, kommt darin um.' So sagte immer meine Großmutter. Vielleicht ist die Ursache auch darin gelegen, dass meine Mutter, getrieben von Zukunftsangst und Scham, versucht hat, mich abzutreiben. Mehrere Ärzte sollen es versucht haben, doch es gelang nicht. Wie ich hörte, soll ja schon der Embryo Abwehrbewegungen machen; die Urangst bleibt dann bestehen. Meine Mutter war Lehrerin und durfte laut Lehrerzölibat (30er-Jahre!) nur wieder einen Lehrer heiraten. Mein Vater war aber ein brotloser Berufsmusiker. Sie hätte ihren Arbeitsplatz aufgeben müssen, um ihn zu heiraten. Und die Schande eines ledigen Kindes hätte man keiner Lehrerin damals verziehen ... Sie hat dann doch, weil ich nicht wegzukriegen war, meinen Vater geheiratet und mich sehr geliebt. Durch die Not und die Entbehrungen bekam sie TBC und starb mit 35 Jahren, die Ärmste."

Unterziehen wir diesen Textausschnitt einer professionellen Kommentierung:

Die Patientin deutet in ihrer Niederschrift an, dass sie unter starken Ängsten leidet, unter Lebensängsten. Offenbar merkt sie selbst, dass sie seelisch labil ist. Daraufhin setzt bei ihr ein, was normalerweise bei jedem einsetzt, der sich mit einer Notlage konfrontiert findet: sie sucht nach den Ursachen ihres Problems. Sie entwickelt, was man in der Fachsprache eine „Laienätiologie" nennt, nämlich ein Interpretationskonzept zur Erklärung des Zustandekommens ihrer Schreckbarkeit und Hypersensibilität. Beachtenswert ist, worauf sie ihre Aufmerksamkeit lenkt und welche Elemente sie zur Begründung ihres Problems auswählt. Der Text informiert uns darüber, dass derartige Elemente für sie vorrangig *Milieufaktoren* in Form unerfreulicher mitmenschlicher Aktionen sind:

a) Die Großmutter hat ihr während der Kindheit ein Angst einflößendes Motto überliefert.

b) Die Mutter hat mit Hilfe mehrerer Ärzte verzweifelt versucht, sie abzutreiben.

Wie sehr das Interpretationskonzept der Patientin für sie Allgemeingültigkeit hat, also gleichsam zur ursächlichen Deutung auch sonstiger Probleme herangezogen wird, beweist die Übertragung ihrer „Laienätiologie" auf andere Personen, im Text auf ihre Mutter. Denn gemäß diesem Schema litt auch ihre Mutter primär an *Milieufaktoren* in Form unerfreulicher mitmenschlicher Aktionen:

a) Die Gesetzeslage für Lehrer in den 30er-Jahren brachte sie in eine unglückliche Situation.

b) Die Ärzte versagten bezüglich des Auftrages, sie von der Schwangerschaft zu befreien.

c) Die Eheschließung mit dem Mann machte sie krank und führte zu ihrem frühen Tod.

Das Interpretationskonzept der Patientin lässt sich auf einen einfachen Nenner zurückschrauben: Dem Menschen geht es so gut, wie es die Milieufaktoren (im Gewand seiner Mitmenschen) zulassen. Oder ichhaft ausgedrückt: „Mein Glück und mein Wohlbefinden liegen in der Hand anderer, werden von anderen Menschen bestimmt." Es leuchtet ein, dass ein solches Selbstverständnis an und für sich *ein ganz und gar Angst erzeugendes* ist! Wer sich als hilfloses Opfer seiner Mitwelt fühlt, abhängig von deren Gunst, ausgeliefert an deren „Gnade", und in seinem Gesundheits- oder Krankheitszustand von ihr bewirkt und bedingt, muss ständig um sein Leben bangen. Ja, das Bangen um das eigene Leben wird noch dramatisiert durch die vermeintliche Ohnmacht, etwas zum Schutz oder zur Veränderung des eigenen Lebens tun zu können. Das heißt, es ist keine abwegige Idee, *fachätiologisch* die Hauptursache der Urangst dieser Patientin in ihrem deterministischen und auf äußere Belastungsfaktoren festgelegten Selbstverständnis zu sehen, anstatt in den traurigen Umständen ihrer Embryonalphase.

Dass nicht die realen Tatsachen allein, sondern unsere Auffassungen von diesen Tatsachen entscheidend sind, wussten schon die griechischen Philosophen des Altertums, allen voran Epiktet, von dem entsprechende Texte überliefert sind. Im Falle der zitierten Patientin hätte ein andersartiges Selbstverständnis (siehe unten) zu einem durchaus unterschiedlichen Interpretationskonzept bezüglich ihrer vorliegenden Symptomatik geführt. Der springende Punkt ist jedoch, dass es möglicherweise *zu gar keiner Krankheitssymptomatik* bei ihr geführt hätte, sondern zu einer Deutung ihres Werdeganges im Positiven, ja, zu einem Gefühl metaphysischer Geborgenheit:

a) Nicht einmal medizinische Eingriffe an ihrer Mutter haben ihr den gesunden Weg ins Leben verwehrt.

b) Obwohl ihre Mutter in einer schwierigen Lage war, hat sie sie nach der Geburt sehr geliebt.

c) Auch der Vater ist zur Familie gestanden und hat seine Tochter als Tochter anerkannt.

d) Von den pädagogischen und musikalischen Fähigkeiten ihrer Eltern durfte sie profitieren.

e) Die oft ausgesprochenen Warnungen der Großmutter haben sie vor Leichtsinn bewahrt.

f) An der Erkrankung und dem frühen Tod ihrer Mutter ist die Tochter seelisch gereift.

Ein solches Interpretationskonzept hätte, auf einfachen Nenner gebracht, ausgesagt: *Das Leben ist trotz man-*

cher Härten unwahrscheinlich gut. Oder ichhaft ausgedrückt: „Für mich und meinen Lebensweg ist gesorgt, selbst wenn mir Hindernisse in den Weg gelegt werden." Wiederum leuchtet ein, dass dieses Selbstverständnis geradezu *ein Gegengift gegen aufkeimende Ängste* darstellt! Wer davon ausgeht, dass er getragen, gehalten und bewahrt ist, und zwar gegebenen widrigen Umständen zum Trotz, fühlt sich alsbald motiviert, etwaige düstere Gedanken über jene Umstände zu verabschieden und sein Leben schwungvoll in die Hand zu nehmen. Er versteht sich nicht als hilfloses Opfer, der Gunst anderer ausgeliefert, sondern er lebt im Gegenteil aus einer Gunst heraus, die ihm keiner rauben kann, und die ihn befreit zur Übernahme von Eigenverantwortung. Mit anderen Worten, würde die Patientin ihr Selbstverständnis und in der Folge ihr Interpretationskonzept über ihr Sein und Willkommen-Sein in der Welt wechseln, würde sie aus der Urangst auftauchen und eintauchen ins Urvertrauen, und dies unabhängig von ihrer Vorgeschichte. Würde - in Umkehrung des Frankl-Wortes, dass der verdrängte Glaube leicht in einen Aberglauben ausartet - ihr „Aberglaube" an die Macht äußerer Einflüsse und mitmenschlicher Destruktionskraft schrumpfen, würde sich ihr Glaube an die eigene ihr offen stehende und unbehindert zugängliche Entfaltungskraft wieder erholen.

Wie gravierend ist ein Trauma?

Allgemein lässt sich festhalten: Wer schlechte Erfahrungen gemacht hat, hat zugleich die gute Erfahrung gemacht, dass er trotz seiner schlechten Erfahrungen nicht untergegangen ist, sonst wäre er ja nicht mehr da. Wird ihm diese Einsicht bewusst, könnte ein weiteres Unbewusstes, nämlich das „Vorwissen" in ihm aufsteigen und zur Bewusstheit gelangen, dass es auch in der Zeit jener schlechten Erfahrungen ein ihn Haltendes gegeben hat, einen Boden seiner Existenz, auf dem er unerschütterlich aufgeruht hat, mitten im Sturm rings um ihn, weil ihn das Leben noch „wollte" und brauchte. Weil er nach wie vor wichtig und bedeutsam war und ist für das Leben, das sich ihm unbeirrt als Fülle von Verwirklichungsmöglichkeiten darbietet. Es könnte ihm dämmern, dass er wider allen Anschein „erwünscht" und „bejaht" ist. Was wiegt schon eine schlechte Erfahrung gegen *diese* Erkenntnis?

Denken wir im Interesse der praktischen Anschaulichkeit ein weiteres Beispiel durch. Angenommen, Eltern haben einem Jugendlichen versprochen, ihn aus dem Internat heimzuholen. Danach haben sie ihr Versprechen nicht eingehalten, und er musste bis zu seinem Schulabschluss im Internat wohnen. Zweifellos war das, wenn er sich dort ungern aufhielt, eine große Enttäuschung für ihn, eine schlechte Lebenserfahrung, die ihn mitmenschlichen Zusagen gegenüber misstrauisch gemacht hat. Dennoch könnte die schmerzliche Erfahrung ihn ein Zusätzliches gelehrt haben: Man stirbt nicht am Internatsbesuch. Man geht nicht zugrunde am gebrochenen Wort der Eltern. Das Leben ist erstaunlich vielfältig und flexibel, es hört nie auf, Chancen in sich zu bergen. Das Internat hatte am Ende vielleicht sogar ein paar schöne Seiten, indem Freundschaften geschlossen wurden, Gemeinschaft erlebt wurde. Kontakte zu Lieblingslehrern blieben jahrelang bestehen. Irgendwie kann sich die schlechte Erfahrung mit dem nicht eingehaltenen Versprechen der Eltern schließlich zu der guten Erfahrung gewandelt haben, dass das Leben auch außerhalb des Elternhauses weitergeht und bewältigbar ist.

Steht für den ehemals Jugendlichen im Erwachsenenalter die schlechte Erfahrung mit den Eltern im Vordergrund, wird ihm ein Stück Urvertrauen verlustig gehen. Steht im Unterschied dazu für ihn die gute Erfahrung, die er mit dem Leben gemacht hat, im Vordergrund, wird sich sein Urvertrauen noch festigen. Entweder wird er sich also bis in alle Zukunft an dem Erlebnis festkrallen, von nahestehenden Menschen im Stich gelassen worden zu sein, mit der fatalen Auswirkung, dass sich sein Misstrauenskontingent verschärft, oder aber er wird sich bis in alle Zukunft an der Erkenntnis orientieren, dass er noch als ein von Menschen im Stich Gelassener nicht kaputtgeht, sofern sein Leben aus tieferen Gründen (man könnte auch sagen: nach höheren Plänen) bewahrt bleiben soll, was sein Vertrauensvermögen erheblich stärkt.

In beiden Fällen, bei der überängstlichen Patientin und dem Mann, der als Jugendlicher gezwungenermaßen ein Internat besuchen musste, sind tiefenpsychologisch gravierende Traumata rekonstruierbar. Auch lerntheoretisch sind in beiden Fällen erfolgte Fehlkonditionierungen nachweisbar. Denn überall ist einst *Unerwünschtsein* wie ein Messer in die Seele der betreffenden Person eingedrungen und hat sich ihr als schwer zu verheilende Wunde verdeutlicht. Dennoch gab es „selbst auf gleicher Ebene" daneben überall Liebesbeweise. Die Eltern der Patientin haben sie als Baby akzeptiert und großgezogen. Und dies eine wesentlich längere Zeit lang, als sie sie als Ungeborenes abgelehnt haben! Die Erzieher des Internats wiederum haben sich um den Jugendlichen gekümmert, und auch dies für eine lange Zeit. Und seine Eltern haben regelmäßig dafür bezahlt. Natürlich waren es da wie dort keine idealen Verhältnisse, aber der Anspruch auf ideale Lebensverhältnisse ist wohl insgesamt zu hoch gegriffen.

Beziehen wir *mehr* als das häusliche Milieu der beiden Menschen in unsere Erwägungen mit ein, dann entdecken wir im Zuge der Gesamteinschätzung beider

Beispiele, dass *ein* „Versprechen“, eine „Zusprechung“ nirgends verletzt worden ist: der unbedingte Wert der Person und der unbedingte Sinn ihrer Existenz. Weder ein gelungener noch ein misslungener Tötungsversuch vermögen die Personenwürde eines Menschen zu beschädigen. Ein Leben im Internat besitzt nicht einen Hauch weniger Sinn als ein Leben außerhalb eines Internates. Die Werthaftigkeit der Person und die Sinnhaftigkeit ihrer Existenz sind keine Güter, die irgendwer einem anderen missgönnen oder gar wegnehmen könnte. Das Wissen darum ist - Urvertrauen.

Hier greift der tiefenpsychologische bzw. lerntheoretische Einwand an mit der Frage: Vermittelt nicht eine Mutter, die ihrer Tochter erzählt, wie gern sie sie abgetrieben hätte, dieser, dass sie in ihr keinerlei Wert gesehen hat, sondern eher einen Unwert, den es galt, aus der Welt zu schaffen? Signalisieren nicht Eltern, die ihren Sohn entgegen seinen Bitten und ihrem eigenen Vorhaben im Internat belassen, dass sie wenig Sinn in seiner lebendigen Anwesenheit, in seinem „Dasein“ sehen? Wie sollen solche Kinder später einmal an sich und ihre Existenzberechtigung glauben? Die logotherapeutische Antwort lautet wie gehabt: Wir Menschen sind nicht das Echo der Signale unserer Eltern. Wir Menschen empfangen Signale aus unserer eigenen bewussten und unbewussten Geistigkeit. Im Hinblick auf diese Signale sind wir, da es sich nicht um das Echo äußerer Faktoren, sondern um Attribute unserer ontologischen Verfassung handelt, „unbedingt". Dies befähigt uns, uns an den unbedingten Wert unserer Person und den unbedingten Sinn unserer Existenz zu „erinnern".

Urwirksamkeit und Selbstwirksamkeit

In Beratungssituationen kann dieser „Erinnerungsprozess" in mehreren Stufen „angestoßen" werden. Da eventuell der eine oder andere Leser es bei sich selbst ausprobieren möchte, seien die einzelnen Stufen nachstehend anskizziert.

Stufe 1: Die partielle und oft recht negative Einschätzung des eigenen Lebens durch einen Ratsuchenden wird zu einer *Gesamteinschätzung* erweitert. Die Erklimmung dieser Stufe ist bei den genannten Beispielen bereits vorexerziert worden. Beide Personen haben seitens ihrer Mitmenschen auch einiges an Förderlichem erfahren, was es in ihr Interpretationskonzept einzubauen gilt. Beide durften ihr erlittenes Trauma überleben – immerhin! Leben ist die sich permanent bietende Gelegenheit, zu werden, wer man noch nicht ist, aber sein möchte, könnte und sollte. Leben ist die kontinuierliche Gelegenheit zur Ausschöpfung der eigenen Potenzialität in einer Weise, wie sie das eigene Wissen und Gewissen gutheißen. Eine Gelegenheit, die keinem

Ratsuchenden abhanden gekommen ist, durch kein wie immer geartetes Negativerlebnis! Das darf ihm gesagt werden.

Eine bewährte Methode dabei ist, ihn *nach Selbstverständlichkeiten in seinem bisherigen Werdegang suchen* zu lassen. Er wird nichts finden, denn nichts ist selbstverständlich gewesen. Dass er das Licht der Welt erblickt hat, nicht, und dass er dieses Licht heute noch schaut, auch nicht. Man muss ihn desillusionieren: Ein Anspruch auf etwas hat nie bestanden. Doch man kann ihm gleichzeitig die Metapher präsentieren, dass er selber „angesprochen", „angerufen" worden ist, als er zur Existenz kam, und dass er nicht aufgehört hat, ein „Angesprochener" zu sein. Aus diesen Erwägungen wird er seinen unbedingten Wert besser herausfinden als aus Diskussionen über seine (ehemaligen) Bezugspersonen.

Stufe 2: Als ein „Angesprochener" ist er auch ein zur Wirksamkeit Eingeladener. Einer, dem es gegeben ist, wirksam werden zu dürfen. Die geringe Einschätzung der Selbstwirksamkeit durch viele Ratsuchende muss im Gedankenaustausch allmählich aufgeweicht und korrigiert werden. Ein schönes Beispiel dazu brachte einst Reinhard Tausch (in: „Lebensschritte", Rowohlt, Reinbek, 2. Auflage 1993) aus seinem eigenen Leben:

„Ich war ein schlechter Schüler, hatte viele Konflikte mit den Lehrern, aber meine Erfahrung war auch:

Obwohl ich wenig Schularbeiten machte und in manchen Bereichen geringe Fähigkeiten hatte: irgendwie kam ich immer ‚über die Runden'. Oft ging ich morgens mit bangen Gefühlen zur Schule, ob ich wohl in einer Pause - ungestört von der Aufsicht - meine Schularbeiten schaffen würde. Insgesamt machte ich aber die Erfahrung, dass ich in irgendeiner Weise die Schulsituationen bewältigte, wenn auch nicht in einer reibungslosen glatten Form."

Was Reinhard Tausch, einer der großen Wissenschaftler und Psychologieprofessoren Deutschlands, in den obigen Zeilen beschreibt, gleicht der Erreichung einer weiteren Stufe auf dem Weg zur Rückgewinnung des Urvertrauens. Es handelt sich um die innere Gewissheit, dass unsere Fehler und Defizite, wie wir sie nun einmal mit uns herumschleppen, uns am Wesentlichen nicht zu hindern vermögen. Nicht an dem, auf das hin wir „angesprochen" sind. Wir haben genügend Wirkkraft, um ‚über die Runden zu kommen', wenn auch mitunter nicht reibungslos. Jeder Mensch hat dies schon zahlreiche Male erfahren; und sollte es einer vergessen haben, könnte es hilfreich sein, sein Gedächtnis aufzufrischen.

In den ersten beiden Stufen wird also die Idee von einer vorhandenen „Urwirksamkeit", die das Leben des Menschen „trägt", sowie von einer vorhandenen „Selbstwirksamkeit", mit der jedermann grundsätzlich ausgestattet ist, herausgearbeitet. Wobei kein Zweifel daran besteht, dass die Überzeugung eigener Selbstwirksamkeit das Selbstvertrauen einer Person gründlich stärkt, genauso, wie die Überzeugung von einer Urwirksamkeit im eigenen Leben das Urvertrauen einer Person stärkt.

Die Entscheidung zum Glauben

In Bezug auf die nächsten beiden Stufen hat ein Berater mehr und mehr zurückzutreten und sich auf behutsame „Denkanstöße" zu beschränken. Ein Leser im „Selbstversuch" jedoch möge die angebotenen Denkanstöße mit sich in die Stille hineinnehmen und ihnen dort - Raum gewähren.

Stufe 3: Als ein „metaphysisch Angesprochener" soll sich der Ratsuchende direkt mit seinem „Ansprechpartner" auseinandersetzen. Vier Gedanken von Viktor E. Frankl können im Rahmen einer therapeutischen Begleitung dabei richtungweisend sein:

„Eigentlich kann man nicht von Gott, sondern nur zu Gott sprechen."

„Alle Werte konvergieren zu einem einheitlichen Punkt hin, einer höchsten Wertperson."

„Gott ist der Partner unserer intimsten Selbstgespräche."

„Echte Religiosität hat nicht Triebcharakter, sondern Entscheidungscharakter."

Da man eigentlich nicht *von* Gott sprechen kann (weil Gott dafür zu groß und unser Begreifen dafür zu klein ist ...), empfiehlt sich im Beratungsgespräch diesbezüglich größte Zurückhaltung. Doch wenn alle Werte zu einem höchsten Wert bzw. einer höchsten Wertperson hin konvergieren, dann ist jede Begegnung mit Werten, zu der man einen Ratsuchenden stimulieren kann, eine Begegnung zwischen ihm und Ihm.

In diesem Zusammenhang ist es gerade für Ratsuchende, deren Urvertrauen irgendwann im Laufe ihres Lebens verschüttet und von ängstlich und pessimistisch gefärbtem Misstrauen gegenüber der Welt verdrängt worden ist, heilsam, ihren „Werte-Horizont" aufzustocken. Manchmal genügen meditative Übungen oder Exerzitien. Manchmal ist eine Beschäftigung mit kulturellen Werten besser als jedes Beratungsgespräch. Wenn die Betreffenden malen, dichten, singen, tanzen, lesen, wenn sie (konkret oder in ihrer Fantasie) Berge besteigen, Bauwerke besichtigen oder auf Seen hinaussegeln, spüren sie wieder zaghaft den „Puls der Schöpfung", ahnen sie wieder ihre Eingebundenheit darin. Haben sie das Glück, in solch einem kostbaren Moment allein mit sich zu sein, unabgelenkt von diversen Störungen, banalen Plaudereien, Handy-Geklingel etc., kommt es vielleicht zu jenem intimen Selbstgespräch, das den Stellenwert eines Gebetes hat. Und vermögen sie wieder zu beten, in tiefster Ehrlichkeit und Einsamkeit, hat sich ihr Bezug zur Transzendenz erneuert.

Stufe 4: Das alles kann eine humane Psychotherapie wie die Logotherapie einleiten und ins Rollen bringen. Nur eines kann sie nicht: einem Ratsuchenden die Entscheidung abnehmen. Denn das Urvertrauen ist im bewussten Leben nur per Grundentscheidung wiederzugewinnen. Es ist uns mitgegeben von Anfang an, es durchwebt die unbewussten Träume in der Wiege unseres Daseins und es durchzieht unser ganzes Leben wie ein roter Faden zwischen zwei Unendlichkeiten - doch wenn der Faden gerissen ist, verlangt es einen Entscheidungsakt, ihn wieder zu knüpfen. Zum Glauben wird man nicht getrieben, von niemandem, und schon gar nicht von einem Berater. Vielleicht ist es der letzte Dienst eines solchen, den Ratsuchenden darauf aufmerksam zu machen, dass da eine vierte Stufe ist, die dieser ersteigen kann, *wenn er will.* Wenn er sich durchringt, ein für allemal abzustreifen, was ihm an Vertrauensbrüchen von seinen Mitmenschen angetan worden ist, um selber einen Vertrauensvorschuss zu leisten auf absolut Vertrauenswürdiges hin. Zum Erklimmen der 4. Stufe muss sich der Ratsuchende aus Eigenem entschließen. Doch oben wartet das Verlorene auf ihn.

Leib, Seele, Geist

Lange Zeit galt eine Berührung zwischen Psychotherapie und Seelsorge als „Stilbruch". Seit Sigmund Freud die Religion als eine „Zwangsneurose der Menschheit" bezeichnet hat, waren beide Disziplinen auf Distanz bedacht. Die Psychotherapeuten kümmern sich um die *Psyche* des Menschen, die Seelsorger um die *Seele* des Menschen, und dass das Wort *Psyche* zufällig die Übersetzung des Wortes *Seele* ist, war zwar peinlich für beide Seiten, wurde aber elegant überspielt, indem jede Seite ihre eigene Definition für den ihr zustehenden Begriff parat hielt. Die Kompetenzfelder waren abgesteckt, und man bemühte sich, einander nicht in die Quere zu kommen.

Allmählich zeigte sich jedoch, dass man ein ganzheitliches Wesen nicht so einfach „aufspalten" kann. Eine seelsorgerische Arbeit, die die biopsychischen Fundamente des Menschen missachtet, ist zum Scheitern verurteilt. Eine psychotherapeutische Arbeit, die die Geistigkeit des Menschen ausklammert, scheitert nicht minder. Die Geschichte kennt beide Variationen zur Genüge. Heute, im Zeitalter notwendiger Integrationen (von Kulturen, Völkern etc.) hat Kooperation die oberste Priorität. Deshalb hat sich der Graben zwischen Psychotherapie und Religion inzwischen verringert; eine Richtung, die ihn zu überbrücken vermag, ist die Franklsche Logotherapie. Wie das? Nehmen wir den Seelenbegriff genauer unter die Lupe.

Jahrhundertelang war die *Seele* in populärer Vorstellung dasjenige, was Gott dem Menschen (und nur dem Menschen) „eingehaucht" hat: der Odem Gottes. Mit dem kometenhaften Aufstieg der modernen Psychologie kam es zu einem radikalen Bedeutungswandel. Die *Seele* schrumpfte zum Sammelbecken psychischer Funktionen zusammen, als da sind Triebe, Begierden, Aggressionen, Frustrationen, Ängste, Komplexe, Selbstwertgefühle, aber auch kognitive Vorgänge, Konzentrationsleistungen, Erinnerungen oder Lernvolumen. Aus dem Odem Gottes wurden Stimmungsbarometer und Denkakrobatik eines höher entwickelten Tieres. Etwas „spezifisch Humanes" fiel unter den Tisch der neuen Wissenschaft. Erst mit Frankl wurde diejenige Instanz zurückentdeckt, die den Menschen zwischen dem Göttlichen und dem Animalischen als besondere Wesenheit lokalisiert: die geistige („noetische") Dimension des Menschen, in der Freiheit und Verantwortung, Sinnsuche und Liebesfähigkeit, sowie der schöpferische Funke eines „Kokreators" (= „Mitschöpfer") beheimatet sind. Wenn man so will, kann man folglich eher den *Nous* (Geist) im logotherapeutischen Sinne (als die *Psyche* im psychologischen Sinne) als die Seele im altherkömmlichen Sinne betrachten.

Dazu gibt es einen spannenden Aspekt. *Psyche* und *Nous* müssen nicht an einem Strang ziehen.

… doch der Geist sagt „Nein!“
Der „noo-psychische Antagonismus“

Die angeborenen oder erworbenen Reaktionen der *Psyche* sind instinkthaft, triebgesteuert, automatisch, konditioniert. Die Entscheidungen des *Nous* hingegen sind frei. So kann es zu einem Phänomen kommen, das spezifisch human (weil einzig beim Menschen beobachtbar) ist, und das Frankl den „noo-psychischen Antagonismus“ genannt hat: dass nämlich die *Psyche* in eine bestimmte Richtung drängt, aber der *Nous* des Menschen bewusst und willentlich eine andere Richtung einschlägt.

Wir haben dieses Phänomen bereits in der Eindeutschung „Trotzmacht des Geistes“ kennengelernt und wissen, von welch enormer Autorität es sein kann. Die *Psyche* eines Suchtkranken schreit nach dem Suchtmittel, und der *Nous* sagt Nein. Die *Psyche* eines angstgestörten Menschen will aus einer scheinbar bedrohlichen Situation entfliehen, und der *Nous* entschließt sich, tapfer darin auszuharren. Die *Psyche* einer wutentbrannten Mutter verlockt sie, ihr Kind zu schlagen, und der *Nous* hält sie im letzten Augenblick zurück. Die *Psyche* eines sexuell erregten Mannes fordert ihn auf, sich des Nachts auf ein vorbeikommendes Mädchen zu stürzen, und der *Nous* verbietet es ihm. Dergleichen ist im Tierreich unbekannt.

Freilich geben wir uns keinen Illusionen hin. Viel zu selten „gewinnt“ der *Nous* in uns, gewinnen Gewissen, Sinnerkenntnis, Verantwortungsbewusstsein und selbstlose Liebe. Aber dass überhaupt das Phänomen des „noo-psychischen Antagonismus“ möglich ist, zeichnet uns Menschen aus. Es ist unser „menschlicher Ausweis“: *ecce homo*! Warum ist der *Nous* dann so schwach? Ist er das wirklich? Frankl verglich die geistige Dimension des Menschen einmal mit einem altersschwachen Richter, der einen muskulösen Kraftprotz von Angeklagten (= die starke psychisch-triebhafte Dimension im Menschen) zu verurteilen habe. Kann er dies nicht, weil er im Zweikampf unterlegen wäre? Wir wissen, er kann es *doch*. Nicht, weil er die Muskeln dazu hätte, sondern weil er in der Machthierarchie höher steht als der Angeklagte. So ähnlich, meinte Frankl, sollten wir uns die Hierarchie zwischen *Nous* und *Psyche* vorstellen. Die *Psyche* ist gewaltig, hat den riesig großen unbewussten Teil hinter sich, und noch dazu Jahrtausende alte Prägungen der Spezies. Der *Nous* dagegen ist ein Hauch, aber eben ein göttlicher ...

Ich habe die Erfahrung gemacht, dass Menschen bedachter und besser leben, wenn sie um den „noopsychischen Antagonismus“ wissen. Sie tragen ein würdigeres Selbstbild in sich. Sie handeln weniger automatisch und mehr authentisch. Sie fühlen sich freier in ihren Entscheidungen und geneigter, sich richtig zu entscheiden. Und sie haben weniger Ausreden für ihre Fehltritte, was nur gut ist. Denn so tragen gerade unsere Irrnisse und Wirrnisse dazu bei, unsere Hoffnung auf Erlösung am Brennen zu halten ...

Psychotherapie und Seelsorge

Ziel der Seelsorge ist es, einfach gesagt, zu einem gottgefälligen Leben hinzuführen. Ziel der Psychotherapie ist es, zu einem menschenzuträglichen Leben hinzuführen. Nun: Wir können ruhig die Behauptung wagen, dass ein menschenzuträgliches Leben ein gottgefälliges *ist* - und umgekehrt. Sehen wir uns ein Beispiel an.

Unter meinen Hausnachbarinnen gab es einmal zwei alleinstehende Frauen im Alter von 70 Jahren. Beide waren verwitwet und hatten erwachsene Kinder, die weggezogen und beruflich eingespannt waren, weshalb sie sich nur selten blicken ließen. Beide Frauen bekamen eine bescheidene Rente, hatten ihre unvermeidlichen Altersbeschwerden und fühlten sich ein wenig aufs „Abstellgleis" geschoben. Das Eiltempo der gegenwärtigen Zeit mit ihren elektronischen Errungenschaften war ihnen suspekt.

Soweit ein vergleichbarer „schicksalhafter" Bereich. Dennoch reagierten beide Frauen auf unterschiedliche Art darauf. Die eine verbiss sich in die von ihr wahrgenommenen Unfreiheiten. Sie puppte sich geradezu in ihnen ein. Über ihre Einsamkeit geriet sie in Verbitterung und verkroch sich noch mehr in ihren vier Wänden. So verlor sie die letzten mitmenschlichen Kontakte, die sie noch hatte. Ihr „Abstellgleis-Gefühl“ ließ sie in Streik treten: Wenn keiner sie mehr brauchte, dann sollte auch keiner mehr etwas von ihr empfangen. Kein Gruß, kein Brief ging von ihr aus, kein Lächeln, keine Freundlichkeit. Man hielt die Alte für verschroben, zuckte die Achseln und mied sie. Das Schicksal hatte ihr alles genommen - so sah es aus. Ich traf sie gelegentlich im Hausflur und versuchte, ihre seelische Einigelung zu sprengen, vergebens.

Die zweite Frau machte vom „noopsychischen Antagonismus“ Gebrauch. Einsamkeitsgefühle? Verbitterung? Abstellgleis? Sie erhob sich geistig darüber und wandte sich den ihr verbliebenen Freiräumen zu. Da ihre Kinder sie nicht mehr benötigten, betätigte sie sich sozial, indem sie einen Besuchsdienst im örtlichen Sehbehindertenheim antrat. Bald freuten sich viele Leute auf ihr Kommen. Sie weitete ihr Angebot aus, erledigte Botengänge, besorgte kleine Modeartikel, frisierte Haare, besserte Kleider aus usw. Aus ihren Besuchen heraus entwickelten sich stabile Freundschaften, auch mit dem Pflegepersonal. Da manche Heimbewohner Tiere liebten, schaffte sie sich einen Hund an, schulte ihn und nahm ihn zu ihren Besuchen mit. Der Hund animierte sie zu langen Spaziergängen in Wald und Flur, was ihrer Gesundheit gut tat. Auf einem solchen

Ausflug traf sie einen älteren Herrn, der zu ihrem regelmäßigen Begleiter wurde. Da er ein Fan der Volksmusik war, lud er sie zu Konzerten dieses Genres ein. Auf ihre Vermittlung hin spielte er von Zeit zu Zeit den Heimbewohnern auf seinem Akkordeon etwas vor, was diese begeisterte. Die zweite Frau führte ein rundum erfülltes Leben, und wenn ich sie im Hausflur traf, beglückwünschte ich sie dazu.

Das Beispiel verdeutlicht, dass das Elend der ersten Frau nicht hätte sein müssen. Wie aber hätte man ihr helfen können? Hätte sie mein therapeutisches Angebot angenommen, hätte ich ihre Aufmerksamkeit sogleich auf die Freiräume gelenkt, die ihr neben den schicksalhaften Faktoren immer noch offen standen. Auch wäre die Verantwortung zur Sprache gekommen, die sie für die Nutzung ihrer Freiräume trug. An diesem Erkenntnispunkt angelangt, hätte ich gemeinsam mit ihr erkundet, *was* ihr eigentlich alles offen stand, Kluges und Blödes, Soziales und Asoziales, Gesundheit Erhaltendes und Gesundheit Ruinierendes, Geniales und Banales, kurzum, die breite Palette sämtlicher Möglichkeiten, die in ihrer Hand und Verfügungsgewalt lagen und über deren Verlebendigung oder Absterben sie selbst entscheiden konnte und musste – Tag für Tag. In einem nächsten Schritt wären wir in das Auswahlverfahren eingestiegen. Bei der Frage: „Welche Möglichkeiten, die ich noch habe, sollen leben dürfen, weil sie wert sind, verwirklicht zu werden? Und welche meiner Möglichkeiten lasse ich bewusst vergehen, weil sie mir missfallen?", deren Beantwortung die Frau sich hätte abringen müssen, hätte ich sie vorsichtig begleitet. Sobald ihre Antworten darauf festgestanden hätten, hätte ich sie motiviert, das Entschiedene umzusetzen, und hätte sie bei der konkreten Durchführung ihrer neu gewonnenen Vorhaben gestützt.

Überlegen wir jetzt, wie ein guter Seelsorger vorgegangen wäre, hätte sich die Frau an ihn gewandt. Ohne fachfremd dilettieren zu wollen, meine ich, er hätte bei der Verbitterung der Frau angesetzt. Warum verbittert sein? Sie ist nicht einsam, sie ist nie allein: Gott ist mit ihr. Sie steht niemals am „Abstellgleis": Gott braucht sie. Und sollte niemand mehr etwas von ihr wissen wollen: Gott liebt sie. Was fehlt ihr dann? Hat *er* ihr nicht ein langes Leben geschenkt, tüchtige Kinder und vieles mehr? Hat *er* sie nicht in manch kritischem Augenblick beschützt? Hat *er* ihr nicht ein gemütliches Altwerden mit Wohnung und Altersversorgung gewährt? Wie könnte sie *ihm* all das danken? Und: Will sie sich dem, wozu *er* sie noch braucht, wirklich verweigern? Nein? Na dann, eins, zwei drei, los, auf die Suche! Wie kann sie sich bedanken? Wofür ist sie von Gott eingeladen, es zu tun? Wofür könnte eine schwache, alte Frau wie sie noch wichtig sein in der Welt?

Man sieht, wie ideal die Seelenheilkunde (speziell nach Frankl) und die Seelsorge zu kombinieren ist. Die Wertorientierung verknüpft beide miteinander. Egal, in welche Not ein Mensch geraten mag, sobald und solange er in Freiheit wertorientierte Entscheidungen trifft, wird sein „Seelenheil“ nicht gefährdet sein.

Die Kraft des Geistigen

Es ist unbezweifelbar, dass die leibliche und die psychische Dimension des Menschen krankheitsanfällig sind. Jeder von uns befindet sich jederzeit irgendwo am Kontinuum zwischen körperlicher Robustheit und Siechtum, zwischen psychischer Normalität und Entgleisung. Wie steht es diesbezüglich mit der geistigen Dimension des Menschen? Eine provokante Frage. In Übereinstimmung mit dem althergebrachten Seelenbegriff definierte Frankl den *Nous* als „jenseits von Gesundheit und Krankheit" - Geistiges könne nicht krank werden, könne weder gezeugt werden noch sterben. „Geistiges ist im Raume nirgends, also auch nicht im Grabe", so Frankl. Er verglich den menschlichen Geist mit der Musik, die auch nicht „in der Geige" ist und nicht mit dem Zerbrechen einer Geige stirbt. Körper und Psyche in ihrer psychosomatischen und somatopsychischen Verwobenheit seien gleichsam wie die Geige das „Instrument" des menschlichen Geistes, das beschädigt werden kann, das kaputtgehen und damit seinen Dienst aufkündigen kann. Was aber nicht zwangsläufig bedeuten muss, dass die geistige Person, der sie gedient haben, mit ausgelöscht sei. Schließt man sich dieser Sichtweise an, zeigt sich bezüglich der geistigen Dimension ein von den beiden anderen Dimensionen unterschiedliches Kontinuum, nämlich das einer größeren oder kleineren Verfügbarkeit des *Nous*. So kann die Verfügbarkeit des Geistigen, aufgrund von Hirnschäden, Psychosen, Altersdemenz u. Ä. beeinträchtigt sein bis hin zur totalen Blockade. Um unser Gleichnis nochmals zu bemühen: Während eine Geige intakt oder weniger intakt ist (= der menschliche Organismus gesund oder krank ist), kann die „immer intakte“ Musik gut oder weniger gut - oder gar nicht mehr - erklingen (das heißt die unversehrte/unversehrbare Geistigkeit des Menschen kann voll oder weniger - oder gar nicht mehr - verfügbar sein).

Ein faszinierendes Bild, dem eine beachtliche Option innewohnt: Der virtuose Geiger entlockt selbst einer schlechten Geige noch hübsche Klänge! (Analog bringt der miserable Geiger selbst auf einer Stradivari-Geige nichts Hörenswertes hervor.) Wir sehen, die Schönheit einer Melodie muss mit der Schönheit eines Instrumentes nicht korrelieren! Ein überzeugendes Beispiel dazu hat uns Johann Wolfgang von Goethe überliefert. Der Dichter musste viele ernsthafte Erkrankungen erdulden, ließ sich davon jedoch in seinem Schaffensdrang nie beirren. Noch als 80-Jähriger erklärte er: „Es ist unglaublich, wie viel der Geist zur Erhaltung des Körpers vermag. Ich leide oft an Beschwerden des Unterleibs. Allein der geistige Wille und die Kräfte des oberen

Teils halten mich in Gange. Der Geist muss nur dem Körper nicht nachgeben." Hier zeigt sich eine große Nähe zum logotherapeutischen Geist-Begriff, man vergleiche dazu den „noo-psychischen Antagonismus" nach Frankl! Auf ähnliche Weise lässt sich verstehen, wie es kam, dass Christian Morgenstern, der schon in jungen Jahren an Tuberkulose litt, immerhin ein Alter von 43 Jahren erreicht hat, was niemand ihm zugetraut hätte. Er überlegte sich, dass es vielleicht dieselbe Kraft sei, die, wie er sagte, ihn auf dem physischen Plan verlassen, aber geistig fortan sein Leben begleitet habe. Was sie ihm leiblich nicht habe geben können, habe sie ihm aus geistigen Welten geschenkt. Seine Dichtungen zeugen von Tapferkeit und unerschütterlichem Humor, nie büßte er seine seelische Stabilität ein. Ja, die großen Virtuosen können wie gesagt sogar einem angeschlagenen Instrument noch die herrlichsten Töne entlocken ... Das Geistige im Menschen als das Nicht-krank-sein-Könnende kann sich bis zu einem gewissen Grad über den leider allzu anfälligen Teil unseres Menschseins erheben, kann noch mitten in Schmerz und Schwäche triumphieren. Kann, so unser Glaube, nicht einmal dem Tod anheimfallen, dessen Zugriff sich auf die vergängliche Materie beschränkt. Zerbrochene Instrumente gibt es genügend zu besichtigen in den Museen der Zeiten, zerbrochene Melodien - nicht dass ich wüsste.

Ich habe Goethe und Morgenstern zitiert. Aber auch in uns „kleinen Leuten" sind kräftemäßige Reservoire angelegt, die gewöhnlich geschlossen sind. Sie öffnen sich urplötzlich, sobald ein starker „Sinnanruf" aus einer bestimmten Situation heraus zusätzliche Kräfte erfordert. Im Dezember 1994 kam in England das vor der Gartentüre geparkte Auto eines Vaters ins Rollen, weil er vergessen hatte, die Handbremse anzuziehen. Das Auto rollte auf seine auf der Straße spielende Tochter zu. Der Vater bemerkte die sich zusammenbrauende Tragödie und rannte zum Wagen, als dessen Hinterrad soeben das Kleinkind erfasste. Er hob den rückwärtigen Teil des Autos hoch, wodurch das Kind gerettet wurde. Der Grund, warum dieser Vorfall damals durch die Presse ging, war der, dass man später feststellte: Der Mann konnte das Auto gar nicht heben! Es brauchte die Kraft von vier Männern, um den schweren Wagen vom Boden hochzuhieven. Die Erklärung ist einfach. Der „Sinnanruf" der Situation hat eine geistige „Saite" im Mann in Schwingung versetzt, seine Vaterliebe. Das hat physische Kräfte in ihm freigesetzt, die normalerweise nicht zur Verfügung stehen; Reservoirschleusen sind aufgesprungen. Frankl schrieb in den bereits erwähnten „Zehn Thesen über die Person" u. a., dass der Mensch in seinem Gewissen „den Anruf der Transzendenz abhöre". Na, wenn das kein gewaltiger Anruf ist? Ist auch die Liebe im Herzen einer Person gewaltig genug, bringt sie in derlei Extremmomenten mithilfe ihres leib-seelischen Instrumentes Leistungen zustande, die sich an der Grenze des Menschenmöglichen bewegen.

Gott und das Leid

Geistige Saiten im Menschen, die zum Schwingen gebracht werden können, sind zwischen ihm und Wertbezügen aufgespannt. Es können sehr verschiedene Werte sein, die für Menschen Bedeutung haben (was nicht ohne Konfliktpotenzial ist, zum Beispiel in Partnerschaften), wesentlich jedoch ist, dass stets mehrere Wertbezüge parallel existieren. Ein einziger wäre zu wenig. Bei seinem Wegfall fiele dieser Mensch tief. Und gar keiner wäre insofern fast tödlich, als das Wertevakuum seelische Krankheiten „ansaugt" und körperliche Krankheiten verschärft.

In seiner Dissertation hat der junge Wissenschaftler Elmar Hartstock 1984 die Persönlichkeitsmerkmale langjährig abstinenter Alkoholiker mit den Persönlichkeitsmerkmalen von solchen, die sich gerade in Entwöhnungsbehandlungen befanden, miteinander verglichen. Unter vielen geprüften Parametern fand sich nur einer, der einen signifikanten Unterschied aufwies. Elmar Hartstock schrieb darüber in seinem Resümee: „Die Ergebnisse erhärten die Vermutung, dass langjährig abstinente Alkoholiker sich von anderen, die noch übermäßig trinken oder deren Trinkerei nicht allzu lange zurückliegt, in Hinsicht auf ihr persönliches Wertsystem unterscheiden. Und zwar sind ihnen Ideale und Grundsätze deutlich wichtiger, dagegen Anerkennung sowie Einkommen und Besitz erheblich weniger wichtig ... Es sollte zu denken geben, dass sich Alkoholiker, die sich erfolgreich gegen die Sucht zu behaupten vermochten, also am ehesten dadurch auszuzeichnen scheinen, dass sie ihr Leben nach bestimmten Idealen ausrichten."

Diese Ergebnisse geben in der Tat zu denken. Wer ein persönliches Wertsystem etabliert und sein Leben nach (ethischen?) Grundsätzen und Idealen (neu) ausrichtet, verlagert das Schwergewicht auf seine geistige Dimension. Das befähigt ihn, sich aus der Sklaverei ererbter oder erworbener Charakterdefizite zu befreien, sogar aus so mächtigen Klauen wie der einer Suchtdisposition. Kein Wunder, die „Saiten" des Menschseins sind wieder gespannt, sie schwingen wieder im Rhythmus des jeweiligen Sinnanrufes, sie bringen wieder die ureigene Melodik hervor, die einer einzigartigen und einmaligen Person entspricht.

Das Alkoholproblem schafft unglaublich viel Leid, für die Betroffenen, für die Angehörigen, für Staat und Gesellschaft. Dabei steht am Anfang ein selbst erzeugtes und daher ein unnötiges Übel, was man von zahlreichen anderen Übeln nicht sagen kann. Täglich hören wir in den Nachrichten nicht nur von menschengestrickten Grausamkeiten und Wahnsinnstaten, sondern auch von Härten des Schicksals, von Epidemien, Naturkatastrophen und ähnlichen Plagen, die sich über Unschuldige ergießen. Wo bleibt da ein höherer Sinn? Theologisch: Warum lässt Gott das Leiden zu? Viktor E. Frankl kannte diese Frage - besser: diesen Aufschrei aus seiner KZ-Erfahrung zur Genüge und wagte (in seinem Buch „Ärztliche Seelsorge", Deuticke, Wien, 11. Auflage 2005) eine Stellungnahme dazu:

„Es mag sein, dass der Unterschied zwischen Mensch und Tier letztlich nicht so sehr darin besteht, dass das Tier Instinkte hat und der Mensch Intelligenz; vielmehr wäre die eigentliche Unterscheidung zwischen Mensch und Tier darin gelegen, dass die Intelligenz des Menschen so hoch ist, dass der Mensch sogar auch noch eines kann: einsehen, dass es eine Weisheit, und zwar von einem die seinige überragenden Range - eine übermenschliche Weisheit - geben muss, die ihm die Vernunft und den Tieren die Instinkte eingepflanzt hat ... Wollen wir das Verhältnis von tierischer Umwelt zur Welt des Menschen und von dieser wieder zu einer Überwelt bestimmen, so bietet sich uns als ein Gleichnis der Goldene Schnitt an. Ihm zufolge verhält sich der kleinere Teil zum größeren so wie der größere zum Ganzen. Nehmen wir das Beispiel eines Affen, dem schmerzhafte Injektionen gegeben werden, um ein Serum zu gewinnen. Vermöchte der Affe jemals zu begreifen, warum er

leiden muss? Aus seiner Umwelt heraus ist er außerstande, den Überlegungen des Menschen zu folgen, der ihn in seine Experimente einspannt; denn die menschliche Welt, eine Welt des Sinnes und der Werte, ist ihm nicht zugänglich. An sie reicht er nicht heran, in ihre Dimension langt er nicht hinein. Aber müssen wir nicht annehmen, dass die menschliche Welt selber und ihrerseits überhöht wird von einer nun wieder dem Menschen nicht zugänglichen Welt, deren Sinn, deren Übersinn allein seinem Leiden erst den Sinn zu geben imstande wäre?"

Das Fazit daraus lautet: Bleiben wir bescheiden. Fragen wir nicht und interpretieren wir nicht in eine Überwelt hinein, die uns verschlossen ist und aus der uns keinerlei Erklärung entgegenhallt - wahrscheinlich nicht, weil es keine gäbe (?), sondern weil wir sie nicht verstünden, wie der gestochene Affe keine menschlichen Argumente verstünde. Bleiben wir bescheiden. Auch wir Psychotherapeuten und Nothelfer. Glücklicherweise können wir einige Störungen beheben und ein paar psychische Krankheiten heilen, aber das „Heil" bringen können wir nicht. Wenn es überhaupt etwas in unserer Welt gibt, das solches vermag, dann ist es das (blinde) Vertrauen darauf, dass diese Welt nicht alles ist, sondern dass sie eingebettet ist in einen umfassenden Übersinn, in dem all unsere ungelösten Fragen ihre Antwort finden.

Der Mensch und das Leid

Im Jahr 1980 erschien ein bemerkenswerter Aufsatz von Cynthia Gordon, Professorin an der La-Verne-Universität in Kalifornien, zum Thema: „Die Entwertung des Leidens in der gegenwärtigen Psychotherapie" (abgedruckt in „Analecta Frankliana", hrsg. von Sandra Wawrytko, Institute of Logotherapy Press, Berkeley, 1982). Ihre Ausführungen passen heute, 30 Jahre später, immer noch zu den Trends der westlichen Kultur. Cynthia Gordon zeigte darin auf, dass die philosophische Einsicht, das Leiden gehöre zu jedem menschlichen Leben unabdingbar dazu, zunehmend schwindet. Die Erfahrung, dass ein Leiden sogar eine positive Auswirkung haben kann, indem es einen Leidenden „wachrüttelt" und dadurch mit einer Erkenntnis in Berührung bringt, die er anderenfalls nicht gewonnen hätte, wird sogar belächelt. Alles Unangenehme gilt als unvorhergesehener Lapsus, der nicht passieren hätte dürfen; geistig-seelisches Unbehagen wird zum Ergebnis falscher Verhaltensstrategien, schlechter Nerven und verkorkster Persönlichkeitsbildung degradiert. Man tut, als könne im menschlichen Leben ein Dauerzustand intensiven Wohlbehagens erwartet werden, wohingegen schmerzliche Erlebnisse psychischen Dysfunktionen gleichen, die einer therapeutischen Korrektur bedürfen. Ein Paradebeispiel dafür ist die Zuordnung der depressiven Stimmung „Trauer" zur Kategorie „Anpassungsstörungen" im (heute noch gültigen) ärztlichen Diagnoseschema ICD 10. Eine Witwe, die um ihren Mann trauert, hat sich an ihr Witwendasein eben nicht genug angepasst ...

Der moderne Mensch hat vital und tüchtig zu sein, wenn er den Anspruch erheben will, psychisch okay zu sein. Wer sich mit Kummer, Sorgen und Kränkungen herumquält, ist neurotisch, denn er braucht sich damit ja nicht zu beschäftigen. Das Leiden ist in unserer fortschrittlichen Industriegesellschaft zu einem unbequemen Betriebsunfall, zu einem persönlichen Schwächeanfall geschrumpft, so Gordon.

Dieser Auffassung vom Leiden entsprechen aktuelle Leidbeseitigungsmodelle in der Psychotherapie. Es steht kaum mehr das Ringen mit einem unbegreiflichen Schicksalsschlag im Vordergrund der Gespräche, so wie Hiob einst mit seinem Gott gerungen hat, sondern es geht vorrangig um die Elimination eines lästigen Begleitgefühls, das ein Individuum befallen hat und an seinem Glück hindert, es geht um das Loswerden emotionaler Staus und um künstliche Ruhigstellung im Stress. Ein Paradebeispiel dafür sind diverse Verkaufshits aus Japan zur „Aggressionsentsorgung". Da gibt es 45 cm große Puppen, auf deren Köpfe ein Foto vom

Gesicht des Ehepartners geheftet werden kann. Hat man sich einmal über den Partner kräftig geärgert, soll man der Puppe mit der Faust ins Gesicht schlagen. Sie ruft dann mit weinerlicher Stimme (weiblicher oder männlicher, je nach Knopfdruck): „Du hast völlig recht, bitte verzeih mir!" Dieses Anti-Stress-Spielzeug soll angeblich wutschnaubende Ehemänner und -frauen wunderbar entspannen. Eine ähnliche Variante ist der sogenannte „Rächer", ein Gerät, das auf dem Armaturenbrett eines Autos befestigt wird. Ärgert sich der Autofahrer über einen anderen, der ihm den Weg abschneidet oder mit einem schnelleren Wagen vorfährt, kann er einen Schalter des Gerätes betätigen. Lautstark ertönt dann das Geräusch einer Maschinengewehrsalve. Dieses Gerät wird insbesondere für Berufsfahrer im chaotischen Großstadtverkehr als unentbehrlich gepriesen.

In der Logotherapie stehen wir solchen Psychobehelfen und den ihnen zugrunde liegenden Denkmodellen skeptisch gegenüber. Dem menschlichen Dasein eignet eine tragische Struktur, die über den rein kreatürlichen Schmerz, wie er auch im tierischen Dasein vorkommt, hinausreicht. Auf menschlicher Ebene ist das echte Leiden stets verbunden mit einem *Werteverlust*.

Wo immer geistig-seelisch zutiefst gelitten wird, wird gelitten – um willen von etwas! Man trauert etwa um einen geliebten Angehörigen, aber nicht nur, weil man sich ohne ihn verlassen fühlt, sondern man trauert mit um *seine* positiven Möglichkeiten, die er nicht mehr realisieren kann.

Man trauert um etwas Schönes, Gutes, Wertvolles in der Realität, das verlustig ging, das sich weiterer Verwirklichung entzieht.

Nehmen wir das Beispiel „Ehekrach". Die Beteiligten leiden daran, dass ihre harmonische Partnerschaft getrübt worden ist, dass ein Schatten auf sie gefallen ist. Wenn sie nun auf Puppen einschlagen, um „Dampf abzulassen", und diese Puppen sich jämmerlich entschuldigen, ändert sich deswegen in der Realität nichts; der Ehe-Schatten ist nach wie vor da. Im Gegenteil, sofern die Puppen *mehr* als Spielzeug sind, nämlich Stellvertretungscharakter haben, treffen die Schläge symbolisch den Partner, was die Partnerschaft eher zerschlägt als kittet.

Dasselbe gilt für das Beispiel „Verkehrschaos". Die Beteiligten leiden am unverwirklichten Wert der Straßenkollegialität. Und auch diesen Wert bauen sie mit Pseudoangriffen auf vermeintliche „Feinde" nicht auf, sondern eher ab. Wer ein Leiden mit derart primitiven Methoden ausbügeln will, wird immer ein Stück Humanität mit hinwegbügeln.

Fragen wir: Wie kann der tragischen Struktur unseres Daseins eine menschenwürdige Bewältigung gegenübergestellt werden? Frankls Denkansatz war genial. Er dachte: Wenn das urmenschliche Leiden stets mit einem *Werteverlust* verknüpft ist, dann kann der Leidende Aussöhnung und Akzeptanz mit seinem Schicksal nur finden, indem er selbst seinerseits neue Werte verwirklicht - sei es durch eine leidvermindernde Handlung, zu der er sich aufrafft, sei es durch eine heroische Haltung, mit der er Unverminderbares erträgt. Erfahrener *Werteverlust* und errungener *Wertezuwachs* mögen sich dann in seinem Inneren und in einer ihn übergreifenden Realität austarieren.

Was dies konkret in der Praxis bedeutet, möchte ich an Hand von zwei Schmerzbereichen aufzeigen, die uns sehr zu schaffen machen: dem Problem „Zurückweisung der eigenen Person“ und dem Problem „Vergänglichkeit des Lebens“.

Die Zurückweisung der eigenen Person

Zurückweisungen der eigenen Person, also Beleidigungen und Demütigungen seitens der Mitmenschen, tun verflixt weh. In der Psychologie wird diesbezüglich meist dargelegt, dass sich das Opfer solcher Zurückweisungen zu leicht beleidigen und demütigen lässt. Es müsste sich nur entsprechend wehren, dann käme alles in Ordnung. Das ist mit Einschränkungen richtig. Gewisse Kränkungen können nur gewissen Personen zugefügt werden. Selbstmordandrohungen hysterischer Menschen z. B. wirken nur bei Personen, denen der damit Drohende etwas bedeutet. Oder auch bei solchen, denen er zwar nichts bedeutet, die aber entsetzliche Angst davor haben, an seinem etwaigen Suizid mitschuldig zu sein bzw. vor der Allgemeinheit als Schuldige dazustehen. Analog kann man nur Personen verspotten und ins Lächerliche ziehen, die ein schwaches Selbstwertgefühl haben und daher leicht verwundbar sind. Ihre Vulnerabilität lockt oft das Gespött der anderen geradezu hervor, wie man aus den Schulklassensoziogrammen weiß, in denen die empfindsamen Kinder, die gleich losheulen, diejenigen sind, auf denen „mit Genuss“ herumgehackt wird.

Auch Gewalt kann man nur bei Schwächeren anwenden oder bei solchen, die sich für schwach und hilflos halten.

Doch die Tatsache, dass man jemandem etwas antun *kann*, rechtfertigt das Antun keineswegs und führt auch nicht folgerichtig dazu. Die Begründung: „Das Opfer lässt es ja mit sich machen" ist kein Sinnargument. Ob man etwas kann oder nicht, ist eine Sache, aber ob dieses Etwas wert und würdig ist, getan zu werden oder nicht, ist eine andere Sache. Das heißt, genau genommen wird die Entscheidung eines Aggressors auch durch einen ihm geleisteten Widerstand, der die Fortsetzung seiner Aggression abbremst, zu keiner sinnvollen Entscheidung. Die Attacke, die er nicht wagt, ist noch keine Attacke, auf die er freiwillig - im Namen des Ethos und Logos - verzichtet.

Eine Mutter, deren 17-jähriger Sohn ihr im Zuge eines Streites ins Gesicht gespuckt hatte, brachte dies bei mir einmal deutlich zum Ausdruck. Sie sagte: „Mein Mann wirft mir vor, dass ich dem Jungen nicht sofort die Tür gewiesen habe. Er meint, dann hätte sich dieser sein flegelhaftes Benehmen schon abgewöhnt. Aber wenn mir mein Sohn nur deshalb nicht ins Gesicht spuckt, weil er einen Hinausschmiss fürchtet, kann er mich genauso gut anspucken, das ist mir dann egal. Mein Problem ist nicht, wie ich mich vor seiner Spucke schütze, sondern die Sorge um seine Charakterentwicklung."

Die Mutter hatte nicht unrecht. Ihr Leiden war mit einer Taktik des Selbstschutzes allein nicht zu beheben.

Obwohl somit der Widerstand gegen Feindseligkeit die Feindseligkeit an sich noch nicht aufhebt, gibt es dennoch ein Sinnargument, das dafür spricht, dass man sich wehren soll. Wehren allerdings nicht bloß zum Zwecke, ein beschädigtes Selbstimage dadurch wiederherzustellen, dass man die erlittene Beleidigung mit einer Retourbeleidigung erwidert. Das Aug-um-Aug-und-Zahn-um-Zahn-Rezept hat sich in der von unzähligen Kämpfen befleckten Menschheitsgeschichte nie bewährt. Wehren kann man sich (wenn es sich nicht gerade um Notwehr handelt) auch in einer Form, die die Beleidigung ins Leere gehen lässt, die der Aggression den Stachel nimmt. Wehren konnte sich die vorhin erwähnte Mutter zum Beispiel, indem sie sich zunächst wortlos zurückzog, aber später vor der Wiederaufnahme eines normalen Kontaktes mit ihrem Sohn eine Aussprache über das Vorgefallene verlangte. Mahatma Gandhi oder Martin Luther King waren bekanntlich leuchtende Vorbilder dafür, dass eine Leidbewältigung gelingen kann, ohne dass man entweder jede Erniedrigung einstecken oder auf die Ebene des Erniedrigers hinabsinken muss.

Was ist das Plus eines friedlichen Widerstandes? Es ist die Chance, mehr zu erreichen als die Aufpolierung des eigenen angeknacksten Selbstbewusstseins, nämlich: eine Wandlung in der Gesinnung des feindlichen

Gegenübers! Dass eine Aggression nicht zum Ziel führt, macht es dem Aggressor leichter, sie aufzugeben - doch dazu gesellt sich etwas, das weit überzeugender wirkt als nur Ineffektivität, und das ist das persönliche Zeugnis eines Menschen, der gegen Feindseligkeit immun ist, in dessen Herzen Feindschaft einfach keinen Platz hat. Nichts beschämt und belehrt so intensiv wie die „Liebe" (Güte, Barmherzigkeit), die sich stärker als der Hass erweist.

Zusammenfassend lässt sich sagen: Es ist unser gutes Recht, uns zu verteidigen. Trotzdem steht die Werteminderung, die wir durch eine Zurückweisung unserer Person erfahren, in keinem Verhältnis zu dem Wertezuwachs, den wir erzeugen können, wenn wir (über uns hinaus) die Brüderlichkeit und Schwesterlichkeit zwischen uns Menschen mit verteidigen; wenn wir uns wehren zum eigenen Wohl und zum Wohle jenes anderen, der uns angegriffen hat - *das* ist Leidbewältigung vom Feinsten.

Bliebe noch die Frage zu klären, was man tun kann, wenn man sich nicht (mehr) wehren kann, weil der Aggressor unerreichbar ist? Hier ein kurzer Dialog aus meiner Beratungspraxis:

70-jähriger Patient: „Mein Vater hat mich als Kind hart angepackt und manchmal auch verprügelt. Was hatte ich damals für eine Angst vor ihm!"

Ich: „Haben Sie dies Ihrem Vater verziehen?"

Er: „Ich habe nichts zu verzeihen. Im Großen und Ganzen war er ein guter Vater."

Ich: „Aber er hat Sie geängstigt und streng gezüchtigt. Haben Sie ihm dies verziehen?"

Er: „Ich glaube, der konnte nicht anders. Mein Vater war ein jähzorniger Mann, der schnell aufbrauste, und ich war als Kind tollpatschig und langsam von Begriff. Das hat ihn genervt."

Ich: „Nein, so einfach ist das nicht. Ihr Vater mag jähzornig gewesen sein, aber er konnte immer noch entscheiden, ob er den Jähzorn an seinem kleinen Sohn ausließ oder nicht. Er konnte sich gewiss mehr beherrschen und hat eben manche Fehlentscheidung getroffen. Diese Fehlentscheidungen Ihres Vaters sollten Sie ihm jetzt verzeihen und so Ihre Kindheit rückblickend befrieden."

Er: „Meinen Sie? Wie soll ich das machen?"

Ich: „Das nächste Mal, wenn Sie das Grab Ihres Vaters besuchen, sprechen Sie mit ihm. Sagen Sie etwa zu ihm: ‚Lieber Vater, ich danke dir für das Leben, das du mir gegeben hast, und für deine Sorge, die du mir angedeihen hast lassen. Leider warst du manchmal zu streng mit mir. Dein Zorn und deine Prügeleien waren nicht richtig. Darunter habe ich lange gelitten. Aber du sollst wissen, dass ich darüber hinausgewachsen bin, dass ich mein Leben gemeistert habe, und dass ich dir nichts mehr nachtrage. *Von mir aus* ist es gut, ich habe dir verziehen.'"

Der Patient befolgte meinen Rat und kam zutiefst erleichtert wieder. Er habe am Grab heftig geweint, erzählte er, aber nun sei sein Vater endlich „unter der Erde“, und „auf der Erde“ würden Blumen der Versöhnung blühen. Das in der Kindheit Erlittene brauche er ab sofort nicht mehr mit sich herumzuschleppen …

Die Vergänglichkeit des Lebens

Wenden wir uns nun einem Schmerzbereich zu, den wir am liebsten verdrängen und tabuisieren: der Vergänglichkeit unseres Lebens. Die schlimmste „Zurückweisung unserer Person" leistet sich Gevatter Tod. Erst werden wir ohne unsere Zustimmung ins Leben befördert, und dann, wenn wir uns einigermaßen im Leben eingerichtet haben, werden wir wieder sanft oder unsanft hinauskomplimentiert. Kann das Sinn haben? Es sieht so aus, als würde jemand gezwungen, ein Zimmer zu betreten, das er - kaum dass er sich darin umgesehen hat - wieder verlassen muss. Das klingt reichlich deprimierend. Wie aber, wenn etwas Wichtiges in dem Zimmer auf ihn warten würde? Wie, wenn es für ihn etwas in dem Zimmer zu erledigen gälte, das niemand anderer für ihn erledigen könnte, niemand auf seine unverwechselbare, besondere Weise? Wie, wenn er eben deswegen hinein gebeten würde, und sein Wieder-gehen-Dürfen bedeuten würde, dass sein persönlicher Auftrag und Beitrag zur Schöpfungsgeschichte erfüllt ist? Dann hätte sein Kommen und Gehen schon mehr Sinn. Dann wäre die „Einladung zu seinem Kommen" nichts weniger als eine Zurückweisung seiner Person, sondern sie wäre geradezu ein Vertrauensakt bezüglich seiner Wirkkraft, und die Entlassung aus dem Leben wäre der Dank für das von ihm Gewirkte und Bewirkte. Eine interessante Sichtweise, die der des Abgeordneten in der folgenden Anekdote ähnelt:

Im 19. Jahrhundert tagte irgendwo im Mittelwesten Amerikas ein Parlament. Da trat eine Sonnenfinsternis ein. Eine Panik drohte auszubrechen, weil man den Weltuntergang befürchtete. Daraufhin sagte ein Abgeordneter: „Liebe Leute, es gibt jetzt nur zwei Möglichkeiten. Entweder der Herr kommt - dann soll er uns bei der Arbeit finden. Oder er kommt nicht - dann besteht kein Grund, unsere Arbeit zu unterbrechen.“

Dieser Anekdote gedenkend habe ich einmal den brieflichen Notschrei eines jungen Mädchens namens Lore beantwortet. Da stand geschrieben, die beste Freundin habe sich von ihr abgewandt, der Vater habe nie Zeit für sie gehabt, die Mutter lebe woanders, und die Lieblingslehrerin sei zu guter Letzt auch von ihr abgerückt. Der Kernsatz des Briefes folgte: „Niemand war da, als ich Hilfe brauchte. Deshalb will ich mich umbringen.“ „Liebes Fräulein“, schrieb ich zurück, „wenn Sie dies tun, dreht sich Ihr Satz ‚Niemand war da, als ich Hilfe brauchte‘ um und lautet eines Tages: ‚Kein Fräulein Lore war da, als die Welt sie brauchte ...‘“ Dieser Gedanke beeindruckte das Mädchen derart, dass es die Selbstmordabsicht fallen ließ.

So viel zu Todesangst und Todeswunsch. Setzen wir beidem die Bereitschaft entgegen, unsere Arbeit zu tun, die Aufgaben, die das Leben uns stellt, zu erfüllen, das Zimmer, das unseres ist, ein wenig heller und schöner zu gestalten. Nicht das Empfangene soll über uns bestimmen, sondern das zu Gebende soll uns leiten. Dann können wir am Ende unserer Zeit unser Werk getrost in die Zeitlosigkeit eintreten lassen, in der es von niemandem mehr zerstört wird. Wie weise war doch ein Grabspruch, den ich einmal auf einem Friedhof fand, und der lautete: „Steht nicht am Grab und trauert um mich - ich bin nicht da, denn ich sterbe nicht."

Das Ich eines Menschen ist sicher nicht „da", es hat eine andere Heimstatt: ein Zimmer in der Ewigkeit ... vielleicht genau das Zimmer, das dieser Mensch ein Leben lang mit seinem Wirken erfüllt und ausgestaltet hat.

Zusammenfassend lässt sich sagen: Nur wer den „Aufgabencharakter des Lebens" (Frankl) übersieht, hat Grund, den Tod zu fürchten, oder umgekehrt, den Tod zu wünschen, weil er das Leben fürchtet. *Wer für nichts da ist, für den ist nichts da - wer für nichts gut ist, für den ist nichts gut.* Wer hingegen unter Leben die Gelegenheit versteht, einen persönlichen Beitrag zu erbringen, und unter Sterben den feierlichen Augenblick versteht, in dem dieser persönliche Beitrag übergeben und abgeliefert wird, der kann das Leiden an der Vergänglichkeit des Lebens transformieren in eine Freude an der Unzerstörbarkeit gelebten Seins. Der kann den Werteverlust, den der Tod bedeutet, aufwiegen im Wertegewinn, der ihm und der Welt erwächst aus einem vollendeten Lebenswerk. Sehr tiefsinnig formuliert hat dies Pater Bertschi aus Zürich in einer Reflexion über den Tod, die mit den Worten beginnt:

In ihrem Innersten trug die Violine diesen Spruch:
„Als ich noch in den Wäldern lebte,
habe ich geschwiegen;
Nun, da ich gestorben bin, singe ich.“

Vielleicht ist es bei uns Menschen ... nicht viel anders.

Das Mädchen und die Blumen

Einmal wurde mir im Zuge meiner Beratungspraxis ein Kind vorgestellt. Es war knapp sechs Jahre alt und stand vor seiner Einschulung. Entfernte Verwandte hatten es vorübergehend bei sich aufgenommen, während eine geeignete Pflegefamilie für es gesucht wurde. Warum? Weil das kleine Mädchen die einzige Überlebende eines grauenhaften Verkehrsunfalls war, bei dem wenige Wochen zuvor seine Eltern und seine zwei Brüder ums Leben gekommen waren. Eine Großtante hatte das völlig verstörte Kind zu mir gebracht in der Hoffnung, ich wüsste ein Trostwort.

Ach, haben wir *dafür* ein Trostwort? Im dicksten Duden, unter 500 000 Wörtern der deutschen Sprache, ist keines vorrätig. Wir haben kein Wort - außer dem „Wort des Anfangs", dem „Logos", dem Sinn. Nicht, dass wir in einem Verkehrsunfall einen Sinn sehen könnten. Nicht, dass wir mit anthropomorphen Verrenkungen einen divinen Sinn hineindeuten dürften. Aber glauben dürfen wir, dass jenseits der Schwelle unseres Begreifens ein Sinn waltet, der alles durchdringt, was existiert. Ein Sinn, in den das Kind, seine Eltern und seine Brüder eingebettet sind und aus dem sie niemals herausfallen, nicht herausgeschleudert werden können, durch keinen Unfall und keine maschinelle Fliehkraft. Lässt sich das einer knapp Sechsjährigen vermitteln?

Ich hob das Mädchen auf meinen Schoß. „Erzähl' mir von den Sonntagen", bat ich es. „Was habt ihr unternommen, wenn das Wetter schön war?" „Ausflüge", piepste die Kleine. „Wir sind zum Badesee gegangen und haben die aufblasbaren Schwimmtiere mitgenommen. Meinen großen Schwan, auf dem man im Wasser reiten kann. Und den Krebs von meinem jüngsten Bruder, mit dem er im Sand spielt. Der Krebs hat zwei Löcher, weil mein Bruder ihn über die Steine gezogen hat. Aber der Papa hat sie geklebt, und jetzt behält der Krebs wieder die Luft." Beim Zuhören wurde mir ganz elend zumute.

Ich wiegte das Kind ein wenig und drückte sein Köpfchen an meine Brust. „Meine Kleine", begann ich, „mach die Augen zu. Wir entschweben jetzt miteinander ins Traumland. Dort möchte ich dir etwas zeigen." Gehorsam kuschelte sich das Mädchen an mich. „Ihr seid alle beisammen. Deine Eltern, deine Brüder und du. Ihr seid in Aufbruchstimmung, denn ihr wollt zum Badesee. Draußen vor dem Fenster eures Hauses lacht die Sonne über die Stubenhocker und ruft ihnen zu: ‚Schnell, schnell, hinaus mit euch! Ich habe die Planschbecken geheizt, damit sich die Wassertiere darin wohl fühlen.' Also packt deine Mutti eure Badesachen ein, und ihr Kinder schlüpft inzwischen in eure Schuhe. Kannst du deine Schuhe schon allein anziehen?“

Ohne die Augen zu öffnen, nickte die Kleine.

„Gut“, fuhr ich fort. „Jetzt marschiert ihr aus dem Haus, und dein Papa schließt die Türe hinter euch zu. Ihr seid auf der Straße. Aber, oh Schreck, deinen Eltern fällt ein, dass die Blumen auf euren Fensterbrettern nicht gegossen worden sind. Und gerade heute brennt die Sonne so stark! Die Blumen könnten bis zum Abend vertrocknen. Soll die ganze Familie umkehren, um die Blumen zu gießen? Da hast du, meine Kleine, eine prima Idee. Du sagst: ‚Ich lauf zurück. Ich bin schon groß, ich weiß, wo die Gießkanne steht und wie viel Wasser man hineintun muss. Geht nur weiter, ich laufe euch dann nach.‘ Kannst du dir vorstellen, dass du so etwas sagst?“

Erneut nickte das Mädchen auf meinem Schoß.

„Ja, und deswegen gehst du ins Haus zurück. Weil du etwas Wichtiges darin zu erledigen hast. Weil du Mutti und Papa eine Freude machen willst. Sie und deine Brüder gehen inzwischen voraus zum warmen Badesee, dorthin, wo es wunderschön ist. Du wirst sie bald wieder treffen. Und wenn du nachkommst, werden sie dich herzlich begrüßen und umarmen.“

Eine Weile schwieg ich und die Kleine ebenfalls. Flüchtig hatte ich den Verdacht, dass sie eingeschlafen sei, aber ich spann den Faden weiter in der Überzeugung, sie würde mich schon irgendwie verstehen.

„An dem schrecklichen Tag, an dem ihr den Autounfall hattet, war es ganz ähnlich. Deine Eltern und deine Brüder sind vorausgegangen, an einen Ort, der noch unbeschreiblich viel schöner ist als euer Badesee. Wo die Sonne immer scheint, sogar im Winter, wenn wir hier frieren müssen. Nur du bist noch einmal zurückgekommen auf unsere Erde, wo es manchmal so kalt und finster ist. Du bist umgekehrt, weil hier etwas Wichtiges auf dich wartet. Irgendwo verborgen blühen Blumen, die deine Hilfe brauchen. Die verwelken würden, wenn du nicht da wärest, um sie zu gießen."

Vorsichtig streichelte ich das Mädchen. Es öffnete die Augen und setzte sich auf.

„Wo ich jetzt wohne, sind keine Blumen auf den Fensterbrettern", wandte es ein, und es klang wie eine ängstliche Frage.

Ich lächelte. „Das hast du richtig beobachtet", antwortete ich. „Noch sind diese besonderen Blumen versteckt. Denn du sollst erst wachsen und viel lernen und eine hübsche junge Dame werden, an der Mutti und Papa und deine Brüder ihre Freude haben, wenn sie aus der Ferne zuschauen. Aber sei gewiss, eines Tages wirst du im Haus deines Lebens die Blumen sehen, derentwegen du hier geblieben bist und die schwere Trennung von deiner Familie auf dich genommen hast. Du wirst sie gleich erkennen, weil sie ganz süß duften werden, als würden sie dir zurufen: ‚Bitte hilf uns, gib uns einen Schluck Wasser. Wir danken es dir mit unserem

Duft!' Wenn du das hörst, wirst du wissen, dass es gut war, dass du noch eine Zeitlang hier geblieben bist, bevor du Mutti und Papa und deine Brüder einholst und ihr wieder beisammen sein werdet."

Ich spielte noch ein wenig mit dem Kind, bevor ich es der Großtante, die es gebracht hatte, übergab. Beim Abschied erhob es sich auf seine Zehenspitzen und flüsterte mir zu: „Glaubst du, ich werde die Blumen finden?" „Ja", sagte ich, und selten war ich mir einer „Prognose" so sicher wie in diesem Fall, „du kannst sie nicht verfehlen. Denn sie blühen nur für dich ..."

Diese Krisenintervention erhebt nicht den Anspruch, das Kind „getröstet" zu haben. Doch habe ich die Hoffnung, dass eine dauerhafte Todessehnsuchtprophylaxe geglückt ist. In Fällen jäher enormer Verluste wie diesem stellt sich nämlich bei einem Kind sehr schnell das innere Verlangen ein, „seinen Eltern nachzufolgen". Was nicht bedeutet, dass sich ein Kind mit knapp sechs Jahren umbringen würde, aber durchaus bedeuten kann, dass sein Lebenswille flackert mit der Folge alsbaldigen Kränkelns ...

Meine Hoffnung, dem entgegengewirkt zu haben, basiert auf der Tatsache, dass die Gedanken des Kindes am Ende unseres Gesprächs bei den Blumen waren und nicht beim Badesee. Wobei die Blumen für die sinnvollen Aufgaben in der Zukunft stehen, die für dieses Menschenkind bereitliegen mögen, wohingegen der Badesee für lustvolle Erinnerungen aus der Vergangenheit steht, die zwar unverlierbar, aber nicht reaktivierbar sind im Hier und Jetzt.

Bitt- und Dankgebete

Man sagt manchmal mit einem leicht zynischen Unterton: Not lehrt beten. Viktor E. Frankl teilte diesen Zynismus nicht. Er schrieb (in seinem Buch „Der Mensch vor der Frage nach dem Sinn", Piper, München, 9. Auflage 2004):

„Im Übrigen soll man nicht geringschätzig davon sprechen, dass so manchen Menschen die Not beten lehrt. Es ist nicht einzusehen, warum das Beten in der Not weniger echt, weniger eigentlich, weniger ursprünglich sein sollte. Die Religion, die man erst hat, sobald es einem schlecht geht - in den USA nennt man sie Fox Hole Religion -, *ist mir lieber als die Religion, die man nur hat, solange es einem gut geht - ich möchte sie nennen die* Business Men Religion. *Wie oft sind es erst die Ruinen, die den Blick freigeben auf den Himmel!"*

Wie berührend ist doch dieser letzte Frankl-Satz! Ich habe ihn oft an Menschen, denen ein schweres Schicksal sämtliche Pläne durchkreuzt hat, weitergegeben, und fast immer vermochte dieser eine Satz sie ein wenig aufzurichten. Mit dem Thema „Beten" habe ich in meiner langjährigen Praxis allerdings auch merkwürdige Erfahrungen gemacht. Da ist zum einen die Erfahrung, dass Dankgebete vom psychohygienischen Standpunkt aus unvergleichlich bekömmlicher sind als Bittgebete. Dankgebete streicheln die Seele und sind überdies das allerbeste Schlafmittel, das ich kenne. Wer abends vor dem Einschlafen im Bett kurz rekapituliert, was er am vergangenen Tag Erfreuliches erlebt hat oder wofür er sonst Grund zur Dankbarkeit hat, der versinkt in einen tiefen, erholsamen Schlaf. Alle widrigen Grübeleien, die ihn aufwecken, alle „Sandsäcke" schwelender Sorgen, die sich auf seine Brust legen könnten, sind wie weggeblasen. Dankbarkeit entspannt, beruhigt den Atem, legt den Menschen in die sanften Arme der Zufriedenheit.

Von solcher Qualität sind Bittgebete nicht. Sie mögen Ausdruck eines Gottvertrauens sein, und doch sitzt ihnen oftmals die Angst im Nacken. Die Ungewissheit ihres Erhört-Werdens kann einen Stachel in die Seele des Betenden treiben. „Lieber Gott, bitte mache mein Kind wieder gesund!" „Und wenn nicht?", fragt die Angst. „Lieber Gott, bitte lasse mich die Abschlussprüfung bestehen!" „Und wenn nicht?", fragt die Angst.

Was den Dankgebeten ihre Souveränität verleiht, ist die Gewissheit eines Gelungenen. Was hingegen die Bittgebete so oft zu „Zitterpartien" ummünzt, ist die Ungewissheit eines zu Gelingenden. Man kann bei Gott nichts bestellen, nichts einklagen, man kann nicht handeln und feilschen mit ihm, man weiß nicht einmal, ob dasjenige, was uns begehrenswert erscheint, es auch „von höherer Warte aus“ ist - die ganze Kläglichkeit und Unwissenheit unserer menschlichen Position bricht im Bittgebet auf und ist nur schwer zu verdrängen. Nach allem, was ich in zahlreichen Patientengesprächen gehört habe, würde ich manch einem empfehlen, auf Bittgebete zumindest eine Zeitlang ganz zu verzichten und umso mehr die Dankgebete zu intensivieren. Vielleicht gelingt es später, zu einem „reifen“ Bittgebet zu finden: Darin schwingt - ausgesprochen oder unausgesprochen - immer mit: „Aber auch, wenn es anders kommt, als ich mir wünsche, will ich fest darauf vertrauen, dass du, Gott, es gut mit mir meinst und neue Wege auftust!“

Eine weitere Beobachtung. Ich habe die Erfahrung gemacht, dass die Warum-Frage aus den Gebeten ausgeklammert gehört, weil sie symptomatisch ist für einen unfruchtbaren Hader mit Gott. Sie ist typisch für ein Haben-Wollen und Mehr-haben-Wollen, und dies sind leidschaffende Kräfte, die in Unzufriedenheit, Selbstmitleid und Verzweiflung hineintreiben.

In den „logotherapeutischen Meditationskreisen“, die ich geleitet habe, habe ich mir von den Teilnehmern manchmal die Inhalte - nicht ihrer Träume, sondern - ihrer Gebete berichten lassen.

Dabei sind mir zum Beispiel folgende Gebetsinhalte übermittelt worden:

Gebet einer kinderlosen Frau: „Lieber Gott, wenn ich schon als Frau auf die Welt kam, warum konnte ich dann keine Kinder bekommen?"

Gebet einer Mutter, deren Tochter auf einem Ohr taub ist: „Lieber Gott, wenn ich schon ein Kind bekommen habe, warum musste es dann behindert sein?"

Gebet eines Vaters, dessen Sohn mit 45 Jahren verunglückt ist: „Lieber Gott, wenn ich schon einen gesunden und lebensfrohen Sohn hatte, warum konnte er dann nicht alt werden?"

Gebet einer Mutter, deren Sohn erwachsen und glücklich ist: „Lieber Gott, wenn meinem Sohn schon ein langes und gutes Leben beschieden ist, warum konnte er dann keine nette Frau und keinen Erben bekommen?"

Jedes dieser vier Gebete ist für sich genommen nachfühlbar und verständlich, aber wenn man sie nebeneinanderstellt, erkennt man die Signatur der ständigen Unzufriedenheit des Menschen, der nie genug bekommt, was ihm auch der Himmel beschert. Damit soll der Kummer des Einzelnen nicht verniedlicht, sondern nur die Behauptung gewagt werden, dass doch auch die Gnade im Leben eines jeden Einzelnen irgendwo auffindbar ist. Und dass wir das letzte Rätsel nicht entschlüsseln werden; die Vorsehung hüllt sich in

Schweigen. Stoppen wir deswegen unsere Warum-Fragen und stocken wir auf, was Frankl das *Beugen vor dem Geheimnis* genannt hat. Wir sind nicht die „Fragenden“, wir sind die „Antwortenden“, die Antwort geben müssen auf die Fragen, die das Schicksal uns stellt, und da lassen sich ganz hervorragende Antworten geben - sogar auf missliche Fragen. Die „Fragen“ sind Gottes, die „Antworten“ sind unser, und nicht umgekehrt. Oder wie es in der dritten Strophe eines von Hugo Wolf vertonten Liedes heißt:

Über Nacht, über Nacht
kommt Freud und Leid,
und eh du's gedacht, verlassen dich beid'
und gehen dem Herrn zu sagen,
wie du sie getragen.

Gute Freunde der Seele

Ein gutes Buch oder: Von der Heilkraft des Lesens

Ich habe nur wenige Erinnerungen an meine früheste Kindheit, und wahrscheinlich ist das gut so, denn ich bin 1942, mitten im Krieg geboren. Eine meiner allerfrühesten Erinnerungen hat mit einem Buch zu tun ...

Ich sehe noch heute meine Mutter vor mir, wie sie in einer Kammer der elterlichen Wohnung in Wien an einem Tisch saß, auf dem ein Kerzenstummel brannte. Sie war in ein Buch vertieft. Offenbar war mir langweilig, denn ich begann zu weinen. Da hob mich meine Mutter auf ihren Schoß, drückte das Buch in meine kleinen Ärmchen und erlaubte mir, immer wenn sie eine Seite fertig gelesen hatte, für sie umzublättern. Das machte Spaß, und so saß ich da, geborgen auf Mutters Schoß, gewärmt von ihrer Nähe, einbezogen in den hingebungsvollen Leseprozess und ganz und gar durchdrungen von innerem Frieden. Die Welt draußen vor der Kammer mochte aus den Fugen geraten sein, aber innerhalb unserer Kammer war die Welt in Ordnung. Vielleicht stammt aus dieser frühkindlichen Reminiszenz meine Überzeugung, dass ein gutes Buch Lebenshilfe zu leisten vermag.

Heute brauchen wir ein multidisziplinäres Hilfsangebot, eine enge Zusammenarbeit all jener, die willens sind, heillosen Entwicklungen auf unserem Planeten gegenzusteuern. Wir leben in einem Jahrhundert der Eskalationen und Superlative, in dem es gegeneinander *nicht mehr geht*. Wir haben nur noch die Chance eines Miteinanders, was sich selbst bei den Mächtigsten unserer Erde allmählich herumzusprechen beginnt. Auch was die seelische Degeneration bzw. kulturelle Inflation betrifft, die sich derzeit (einer Ölpest auf dem Meere ähnlich) ausbreitet, sind gemeinsame Anstrengungen nötig, um „Verschmutzungen" der menschlichen Zivilisation einzudämmen. Dabei kann das Medium „Buch" von großem Nutzen sein. Es ist zwar längst vom Medium „Film" überholt worden, hat aber trotzdem gewisse Vorteile, die gerade hinsichtlich einer therapeutischen Relevanz ins Gewicht fallen.

Der Film kennt das Verweilen nicht. Verweilen ist aber die Vorbedingung für Nachdenklichkeit und für allmählichen Gesinnungswandel. Das Buch lädt zum Verweilen ein. Der Film ist mit seinem sensorischen Doppelkanal „Bild und Ton" dominant. Unter dominanten Einflüssen köchelt die Fantasie auf Sparflamme. Das Buch bescheidet sich mit einem einzigen sensorischen Kanal, dem „Bild". Tonlos fördert es die Stille, und in der Stille, bei zarter Stimulanz, lodert die Fantasie auf. Der Film punktet mit der Zerstreuung, die er dem Konsumenten offeriert, mit der Ablenkung von dessen Alltagskram und -stress. Das Buch kann zum selben Zwecke gebraucht werden, aber es kann ebenso gut zur Sammlung anregen und zur inneren Lösung vom Alltagskram und -stress. Der Film befriedigt die Neugierde in einem Zuge. Das Ende und Ergebnis einer Handlung präsentiert sich in Hochgeschwindigkeit. Das entspricht einer Generation, die Schwierigkeiten mit dem Warten-Können hat, weil sie an ständig beschleunigtes Tempo angepasst ist. Das Buch hingegen enthält einen „Entschleunigungsfaktor“: Es strengt denjenigen an, der es von A bis Z durcharbeiten will, und es belohnt denjenigen, der zwischendurch geduldig innehält, wartet, Abstand gewinnt, ruhig wird und sich ihm dann mit neuem Interesse zuwendet. Fürwahr, die Heilkraft eines guten Buches ist nicht zu verachten!

Ich sagte: eines *guten* Buches. Wann ist ein Buch gut? Dazu wird es keine allgemeingültigen Kriterien geben. Selbst Experten sind sich über den künstlerischen Wert mancher Literatur uneinig. Ich kann nur andeuten, wann ein Buch im therapeutischen Sinne hilfreich ist, und wann eher nicht. Texte, die ein deterministisches Menschenbild vertreten nach dem Motto: an allem Schlechten sind die Eltern, die Gesellschaft, der Staat, die Kirche usw. schuld, haben schädliche Auswirkungen auf die Leserschaft. Texte, die ein desolates Weltbild vertreten, indem sie lediglich Missstände spiegeln ohne einen Funken Hoffnung auf positive Veränderungen zuzulassen und ohne die kleinste Idee, wie solche eingeleitet werden könnten, sind ebenfalls destruktiv. Ich will damit keinesfalls die erbauliche „Happy-end- Literatur" aufs Podest heben, aber normales, gesundes Leben spannt sich nun einmal zwischen Sein und Soll auf, zwischen dem, was ist, und dem, was sinnvollerweise daraus werden soll (Frankl nannte dies den „noodynamischen Spannungsbogen"), und ohne ein Soll im Visier bewegt sich ein Sein nicht von der Stelle. Der Traum von einer (zwar nicht „heilen", doch) „heilbaren Welt" darf nicht geopfert werden, um keinen Preis, denn der Traum ist es, der vor Gleichgültigkeit und Verdrossenheit schützt und immer wieder Menschen zu großartigen Taten anstiftet, zu Selbstlosigkeit und Edelmut; der Traum ist es, der uns alle vor einer totalen Verrohung rettet. Deshalb schrieb Hermann Hesse, immerhin ein wahrer Kenner des Genres, sehr eindrucksvoll: „Es fehlt nicht an Autoren, deren Verzweiflung an unserer Zeit und deren Angst vor dem Chaos echt ist. Es fehlt aber an solchen, deren Glaube und Liebe ausreicht, sich selbst über dem Chaos zu halten."

Machen wir es kurz: Ein Buch ist im therapeutischen Sinne hilfreich, wenn sein Autor daran *glaubt*, dass es Wege gibt, uns „über dem Chaos zu halten", und wenn er seine Leser genügend *lieb hat*, um für sie nach derartigen Wegen zu fahnden. Und ein Buch ist dann gut, wenn es ein „Freund der Seele" sein kann: aufrichtig, ermutigend, unterhaltsam, tröstlich, inspirierend - wie Freunde eben so sind.

Einander Freund sein

Die allerbesten „Freunde der Seele“ sind natürlich nicht aus Papier, sondern aus Fleisch und Blut. Wobei es in unserer „schönen neuen Welt“ (Huxley) den Menschen immer schwerer fällt, einander Freunde zu sein. Je häufiger sie über elektronische Wellen miteinander kommunizieren, desto unerfahrener und ungeschickter werden sie im direkten Kontakt. Dabei bedauern viele Leute, in ihren Freundschaften zu scheitern. Deswegen seien zum Schluss noch ein paar Tipps zur Einübung im „Einander-Freund-Sein“ genannt.

Tipp 1: Aktiv zuhören

Freunde tun einander Gutes. Was also kann man jemandem Gutes tun? Geschenke machen? Als Psychologin würde ich sagen: Das größte Geschenk ist das *aktive Zuhören*. Es ist wertvoller als Gold und Schmuck. „Aktiv“ meint, dass man das Gerede eines anderen Menschen nicht einfach nur über sich ergehen lässt bzw. darauf lauert, dass man endlich selber zu Wort kommt. Es meint vielmehr ein geistiges Beim-anderen-Verweilen, eine (nicht räumliche, sondern) gewissermaßen „ontologische“, seinsmäßige Nähe zum Du, die es einem ermöglicht, dessen Gedanken mit zu erschauen, dessen Gefühle mit zu empfinden, und sich auf diejenigen „Gegenstände“ zu konzentrieren, denen dessen momentane Aufmerksamkeit gehört. Die Menschen von heute haben einen ungeheuren Drang, *von sich zu sprechen*, sich etwas von der Seele zu sprechen, aber kaum einer hört ihnen zu. Gibt es einen lieben Freund, der ihnen diese Erleichterung gewährt, sind sie selig. Freilich kommt es dann vor, dass sie des Freundes Geschenk ausnützen und ihn bei jeder Gelegenheit mit einer Unmenge an Klagen, Gejammer, Selbstlob, Ungereimtheiten, Wiederholungen und Bagatellen „eindecken“. Das ist für diesen nicht leicht zu verkraften. Auch hat selbst ein lieber Freund nicht ständig Zeit zum Zuhören und weiß dann oft nicht, wie er sich dem Redeschwall seines Gegenübers entziehen soll.

Angesichts dieses Dilemmas bewährt sich folgende Regel: Das Zuhören dem anderen bewusst als Geschenk darbringen, aber die Dauer des Zuhörens den eigenen Kapazitäten gemäß begrenzen. Nehmen wir als Beispiel eine verwandtschaftliche Beziehung. Eine betagte Dame in einem Altenheim beginnt anlässlich jeden Besuches ihres Neffen langatmig von ihren Jugenderlebnissen zu erzählen. Ihr Neffe könnte sich nun vornehmen, ihr pro Besuch 20 Minuten aktiv zuzuhören, unabhängig davon, ob er ihre Schilderungen längst auswendig kennt und sich dabei langweilt. Das ist eben sein generöses Geschenk an sie. 20 Minuten lang ist er „ganz bei ihr". Damit ehrt er sie und macht ihr Freude. Dann verabschiedet er sich höflich-entschieden und kehrt mit gutem Gewissen heim. Dass die Begegnung mit seiner Tante nur 20 Minuten gedauert hat, spielt eine untergeordnete Rolle, wichtig ist, dass sie aufrichtig und ihrer Person zugewandt gewesen ist - nicht die Längen machen es im Leben aus, sondern die Inhalte.

Tipp 2: Gezielt Zeichen der Zustimmung geben

Schließen wir mit einem zweiten Tipp an, den ich *selektive Zustimmung geben* nennen möchte. Man hört nie ohne jegliche Rückmeldung zu, sondern schwingt sich auf den Gesprächspartner ein. Da und dort murmelt man verständnisvolle Worte oder schiebt kleine Satzfragmente dazwischen wie „Das kenne ich von mir" oder „Leider kann man das nicht ändern" u. Ä. Auch nonverbale Zeichen werden gesetzt. Die Körperhaltung verrät an gewissen Gesprächsstellen Solidarität oder Befremdung, die Mimik des Zuhörers spricht ihre eigene Sprache. Wie stark das alles auf den Sprechenden zurückwirkt, geht aus einer Untersuchung an der Wiener Universität (1998) anhand von manipulierten Arzt-Patienten-Gesprächen hervor, die gefilmt wurden. Die Ärzte wurden angewiesen, bei derselben Patientengruppe einmal eine eindeutig zerknirschte und deprimierte Haltung einzunehmen, und ein anderes Mal eine aufrechte, zuversichtliche Haltung an den Tag zu legen, mit erhobenem Kopf und besänftigenden Gebärden. Beide Male kommentierten die Ärzte die von den Patienten vorgetragenen Beschwerden nicht. Dennoch war der Unterschied frappant. Den deprimiert aussehenden Ärzten schilderten die Patienten ihre Beschwerden um ein Vielfaches drastischer als den zuversichtlich aussehenden Ärzten. Umgekehrt schätzten die Patienten bei den deprimiert aussehenden Ärzten ihre Hoffnung auf Genesung unvergleichlich geringer ein als bei den zuversichtlich aussehenden Ärzten. Wenn man bedenkt, dass sich die Ärzte bei dieser Untersuchung verbal praktisch nicht geäußert haben, ist das Ergebnis doch erstaunlich und zeigt, wie sehr positive oder negative Signale zwischen Menschen (sogar „lautlos“) überspringen.

Dessen eingedenk tut man Menschen Gutes, wenn man ihnen im Gespräch „selektive“, das heißt, „ausgewählte“ Zustimmung spendet. Und zwar wählt man Stellen aus, an denen das Gegenüber kluge Ansichten, gütige Einstellungen, Erfolg versprechende Lösungsansätze u. dgl. in seine eigenen Bekundungen einflicht, und betont diese Stellen durch fröhliche Blicke, strahlendes Lächeln, Händedruck oder ein paar anerkennende Worte. Dieses Verfahren ist eleganter als vehementer Einspruch oder offene Kritik. Kommen wir nochmals auf die Tante im Altenheim zurück. Sagt sie zum Beispiel zu ihrem Neffen: „Die Jungen sind heute schamlos und frivol, sie kennen keinen Anstand mehr, nicht so wie zu meiner Zeit ... da haben wir noch Respekt gehabt ... obwohl natürlich auch wir keine Englein waren und mancherlei Schabernack ausgeknobelt haben ...", so wäre dem Neffen zu empfehlen, die erste Passage dieses Textes (eine Pauschalverurteilung der Jugend) zu ignorieren, dafür aber in das Eingeständnis, dass Tantchen auch kein Englein war, lachend einzustimmen, wodurch er sanft zum Ausdruck brächte, dass sie mit Milde gegenüber jugendlichem Ungestüm „richtig liegt". Nur wenige Menschen beherrschen die Kunst der selektiven Zustimmung zu weisen Lebensansichten, toleranten Weltanschauungen, gesunder Selbstironie usf., und doch wäre sie ein wahrer Freundschaftsdienst: das Beste aus dem anderen hervorzulocken, ohne ihn mit Belehrungen vor den Kopf zu stoßen.

Tipp 3: Man nehme eine Prise Heiterkeit!

Mein dritter Tipp rankt sich um den *Einsatz von Heiterkeit.* Fast alle Menschen beschweren sich sehr viel häufiger über Unangenehmes, als dass sie sich für Angenehmes bedanken. Es ist geradezu Mode geworden, grantig und frustriert zu sein. Gelassenheit wird kaum mehr eingeübt. Da kann ein lieber Freund, der gut aufgelegt ist und ein wenig Humor in den grauen Alltag einwebt, herzerfrischend wirken. Man muss nicht jede Unpässlichkeit todernst nehmen. Mit Spiel und Spaß kommt man über mancherlei Hürde hinweg, gemeinsam noch leichter als allein. Sollte besagte Dame im Altenheim etwa jammern, dass die Fernsehfilme fast nur noch Familienstreitigkeiten und Gangstergeschichten servieren, könnte ihr Neffe kontern: „Schau Tantchen, das Schöne an solchen Filmen ist, dass sie dir vor Augen führen, welche Sorgen du alle *nicht* hast! Deine Angehörigen sind friedlich, dein Neffe ist zahm wie ein Lamm, von Gangstern wirst du nicht verfolgt, und ein dickes Bankkonto, das dir jemand rauben könnte, hast du auch nicht; also genieße die Filme und freue dich an allem, *was dir erspart bleibt*!" Vielleicht ringt er Tantchen damit ein Schmunzeln ab, und vielleicht glimmt der lustige Funke immer noch in ihr, wenn die Besuchszeit des Neffen bereits vorüber ist.

Das Lachen-Können ist erlernbar bzw. wieder erlernbar. Ich erinnere mich an eine Rollstuhlfahrerin, die ich einmal zu einer externen Beratung aufsuchte und mit einem Bildband über die grandiose Tempelwelt Indiens auf den Knien antraf. Da sie ein bisschen weinerlich aussah, ergriff ich die Initiative und rief aus: „Ja, auf *diese* Art ist Reisen lustig! Keine Strapaze, kein Staub, kein Trubel, kein Hitzekoller, keine Angst vor vergessenen Pässen, verlorenen Koffern und verseuchtem Trinkwasser – und trotzdem herrliche Landschaftsbilder vor Augen. Sie haben die richtige Wahl getroffen!" Schon lachte sie, obwohl noch eine winzige Träne auf ihrer Wange blinkte. „Sie haben völlig recht", erklärte sie. „Hier habe ich jede Bequemlichkeit und Hilfe, die ich brauche. Ich darf wirklich zufrieden sein."

Tipp 4: Mittragen - ohne große Worte

Um Missverständnissen vorzubeugen, soll mein vierter Tipp den zweiten und dritten sogleich eingrenzen: Keine echte Tragödie, die man im Gespräch mit einem anderen Menschen erfährt, darf ignoriert oder gar belächelt werden. *Freund sein bedeutet u. a., das Kreuz eines anderen mit auf die eigene Schulter zu laden.* Und das funktioniert am besten in stummer Mitbetroffenheit. Man hüte sich davor, bei schweren Leideinbrüchen, die einem zur Kenntnis gelangen, vorschnellen, billigen Trost spenden zu wollen. Einem Mann, dessen Frau ihn betrogen und verlassen hat, zu sagen: „Ach, andere Mütter haben auch hübsche Töchter!", ist genauso platt und unergiebig wie die oft gebrauchte Phrase Todkranken gegenüber, dass „es schon wieder werden wird". Versuche von Beschwichtigungen und Verharmlosungen existenziell einschneidender Ereignisse sind mehr schädlich als nützlich. Von Viktor E. Frankl stammt in diesem Kontext der warnende Satz: „Wo alle Worte zu wenig wären, dort ist jedes Wort zu viel."

Ein lieber Freund harrt still bei dem Betroffenen aus und hilft ihm eventuell mit konkreten Diensten. Er ist da - und das tut gut.

Tipp 5: Die Fremdheit des anderen bejahen

Ein fünfter und letzter Tipp sei zur Abrundung angefügt: *Freunde akzeptieren die „Fremdheit" des anderen* - und einander fremd sind wir uns alle irgendwie.

Es ist schier unglaublich, dass von Milliarden Menschen jeder einen eigenen, unverwechselbaren genetischen Code bzw. Fingerabdruck besitzt, und dies nicht nur physisch. Auch die Bedürfnisse, Begabungen, Meinungen und Weltauffassungen der einzelnen Personen divergieren in unendlicher Mannigfaltigkeit. Das ist super! Man stelle sich bloß vor, wie öde unsere Welt wäre, wären alle Menschen gleich. Ein Volk von Bio-Robotern würde die Erde beherrschen. Zweifellos sind wir Menschen alle gleich*wertig*, aber Gleich*heit* ist im Plan der Natur nicht vorgesehen.

Was jedoch super ist, das hat auch seine Kehrseite. Just diese interessante Mannigfaltigkeit der Individuen, Rassen, Völker, Nationen ... erzeugt jenes Konfliktpotenzial, das seit Jahrtausenden zu Kriegen im Großen wie im Kleinen führt. Überall, wo Menschen eng beisammen sind, reibt es sich. Die Meinungen gehen auseinander, die Gemüter erhitzen sich, die Temperamente kochen über, und schon ist das Malheur passiert. Der Krach ist schnell da, wohingegen Wiederversöhnungen ellenlange Wartezeiten haben.

Das Einzige, das jenes furchtbare Konfliktpotenzial hinunterzuschrauben vermag, ist eine *Blickumkehr*: weg von der Erwartung, die anderen müssten meinen Vorstellungen entsprechen und sich meinen Wünschen gemäß verhalten, und hin zu der an mich selbst gestellten Erwartung, ich möge das Fremde, das Andersartige an den anderen mit so viel Toleranz und Wertschätzung akzeptieren, als ich nur kann und die Sachlage erlaubt. Freunde schaffen das, und sie schaffen noch mehr. Freunde erlauben dem jeweils anderen, eine eigene Meinung zu haben, und lassen sogar die Möglichkeit zu, dass jener andere mit seiner Meinung recht hat und sie selbst irren. Und sollte einmal der andere geirrt haben, tragen die Freunde es ihm nicht nach.

Antoine de Saint-Exupéry schrieb (in: „Worte wie Sterne", Herder, Freiburg, 8. Auflage 1982) den tiefsinnigen Absatz:

„Es scheint, dass unser Aufstieg noch nicht vollendet ist, dass die morgige Wahrheit sich vom gestrigen Irrtum nährt, und dass die zu überwindenden Gegensätze für unser Wachstum der rechte Humus sind. Wir zählen auch die zu den Unsrigen, die anders sind als wir. Aber welch merkwürdige Verwandtschaft! Sie gründet sich auf das Künftige, nicht auf das Vergangene. Auf das Endziel, nicht auf die Herkunft. Wir sind Pilger, die auf verschiedenen Wegen einem gemeinsamen Treffpunkt zuwandern."

Nun denn, wandern wir durch unser Leben, wie es sich für Pilger geziemt: mit wenig Gepäck und stattdessen mit in Freundschaft ausgestreckten Händen.

Wir werden gut ankommen.

Die Autorin und ihr Werk

Univ.-Prof. h. c. Dr. phil. habil. Elisabeth Lukas, geboren 1942 in Wien, ist Schülerin von Prof. Dr. Dr. Viktor E. Frankl. Als Klinische Psychologin und approbierte Psychotherapeutin spezialisierte sie sich auf die praktische Anwendung der Logotherapie, die sie methodisch weiterentwickelte. Nach 13-jähriger Tätigkeit in deutschen Erziehungs-, Familien- und Lebensberatungsstellen (neun Jahre davon in leitender Position) übernahm sie 1986 die fachliche Leitung des von ihr und ihrem Ehemann gegründeten „Süddeutschen Instituts für Logotherapie GmbH" - einem Wissenschaftsinstitut mit psychotherapeutischer Ambulanz - in Fürstenfeldbruck bei München, die sie 17 Jahre lang innehatte. Nach ihrer Rückkehr in die österreichische Heimat arbeitete sie fünf Jahre lang weiterhin als Hochschuldozentin (zuletzt als Lehrbeauftragte der Donau-Universität Krems) und war danach noch drei Jahre lang als Lehrtherapeutin und Supervisorin beim österreichischen Logotherapie-Ausbildungsinstitut ABILE tätig.
Vorträge und Vorlesungen auf Einladung von mehr als 50 Universitäten im In- und Ausland (darunter länger andauernde Lehraufträge an den Universitäten München, Innsbruck und Wien) sowie Publikationen in 18 Sprachen machten sie international bekannt. Ihr Werk ist mit der Ehrenmedaille der Santa Clara University in Kalifornien für „outstanding contributions in counseling psychology to the world community" und mit dem großen Preis des Viktor-Frankl-Fonds der Stadt Wien ausgezeichnet worden. 2014 verlieh ihr die Universität Moskau eine Ehrenprofessur.

Von Elisabeth Lukas sind seit den 1980er-Jahren - inklusive der fremdsprachigen Übersetzungen - 122 Bücher erschienen. Ein Teil davon ist bereits vergriffen. In der nachstehenden Liste sind ihre *derzeit im Buchhandel bzw. online erhältlichen deutschsprachigen Bücher* zusammengestellt (Stand 2016):

„Alles fügt sich und erfüllt sich. Logotherapie in der späten Lebensphase“, Profil, München, erw. Neuauflage 2009.

„Auf dass es dir wohl ergehe. Lebenskunst fürs ganze Jahr“, Kösel, München 2006.

„Auf den Stufen des Lebens. Aus dem Erfahrungsschatz einer Psychologin“, E-Book, Satzweiss.com Print Web Software GmbH, Saarbrücken 2011.

„Aus Krisen gestärkt hervorgehen“, Verlagsgemeinschaft topos plus, Kevelaer 2013.

„Burnout adé! Engagiert und couragiert leben ohne Stress“, Profil, München 2012 (auch als E-Book).

„Das Schicksal waltet - der Mensch gestaltet. Philosophie für den Alltag“, Plattform Johannes Martinek Verlag, Perchtoldsdorf bei Wien, erw. 3. Auflage 2015 (auch als E-Book).

„Dein Leben ist deine Chance. Anregungen zu einer sinnvollen Lebensgestaltung“, Neue Stadt, München, 3. Auflage 2012 (auch als E-Book).

„Den ersten Schritt tun. Konflikte lösen - Frieden schaffen“, Kösel, München 2008 (auch als E-Book).

„Der Freude auf der Spur. Sieben Schritte, um die Seele fit zu halten“, Neue Stadt, München, 3. Auflage 2013 (auch als E-Book).

„Der Schlüssel zu einem sinnvollen Leben. Die Höhenpsychologie Viktor E. Frankls“, Kösel, München 2011 (auch als E-Book).

„Der Seele Heimat ist der Sinn. Logotherapie in Gleichnissen von Viktor E. Frankl“, Kösel, München, 7. Auflage 2016.

„Die Kunst der Wertschätzung. Kinder ins Leben begleiten“, Neue Stadt, München 2013 (auch als E-Book).

„Einmal rund um die Sonne. Begleitende Gedanken für das ganze Jahr“. Mit Gedichten von Elli Michler, Neue Stadt, München 2016 (auch als E-Book).

„Familienglück. Verstehen, annehmen, lieben“, Verlagsgemeinschaft topos plus, Kevelaer, 2. Auflage 2015.

„Freiheit und Geborgenheit. Süchten entrinnen, Urvertrauen gewinnen“, Profil, München, erw. 3. Auflage 2012.

„Für dich. Heilende Geschichten der Liebe", E-Book, Random House, München 2011.

„Heute ist der erste Tag vom Rest deines Lebens. Schritte zu einer erfüllten Existenz", E-Book, Satzweiss.com Print Web Software GmbH, Saarbrücken 2012.

„In der Trauer lebt die Liebe weiter" mit Fotos von Rita Briese, Kösel, München, 8. Auflage 2015.

„Inspirationen für die Seele. Das geistige Erbe Viktor E. Frankls" (1. Auflage unter dem Titel „Viktor E. Frankl. Arzt und Philosoph"), Profil, München, erw. 2. Auflage 2015.

„Konzentration und Stille. Logotherapie bei Tinnitus und chronischen Krankheiten" mit einem Beitrag von Helmut Schaaf, Profil, München, 3. Auflage 2005.

„Lebensstil und Wohlbefinden. Seelisch gesund bleiben - Anregungen aus der Logotherapie", Profil, München, erw. 3. Auflage 2010.

„Lehrbuch der Logotherapie. Menschenbild und Methoden", Profil, München, erw. 4. Auflage 2014.

„Quellen sinnvollen Lebens. Woraus wir Kraft schöpfen können", Neue Stadt, München 2014 (auch als E-Book).

„Rendezvous mit dem Leben. Ermutigungen für die Zukunft", Verlagsgemeinschaft topos plus, Kevelaer 2015.

„Sehnsucht nach Sinn. Logotherapeutische Antworten auf existentielle Fragen", Profil, München, 3. Auflage 2004.

„Sinnzentrierte Psychotherapie. Die Logotherapie von Viktor E. Frankl in Theorie und Praxis", gemeinsam mit Koautorin Heidi Schönfeld, Profil, München 2016.

„Spannendes Leben. In der Spannung zwischen Sein und Sollen - ein Logotherapiebuch", Profil, München, erw. 4. Auflage 2014.

„Verlust und Gewinn. Logotherapie bei Beziehungskrisen und Abschiedsschmerz", Profil, München, erw. 2. Auflage 2007.

„Vom Sinn des Augenblicks. Hinführung zu einem erfüllten Leben", Verlagsgemeinschaft topos plus, Kevelaer 2014.

„Vom Sinn getragen. Ein Leben für die Logotherapie", Kösel, München 2012 (auch als E-Book).

„Von der Angst zum Seelenfrieden", gemeinsam mit Koautor Reinhardt Wurzel, Neue Stadt, München 2015.

„Was das Leben wertvoll macht. Impulse einer spirituellen Psychologie", Verlagsgemeinschaft topos plus, Kevelaer 2014.

„Was du mir bedeutest. Für einen lieben Menschen", Verlagsgemeinschaft topos plus, Kevelaer 2016.

„Wertfülle und Lebensfreude. Logotherapie bei Depressionen und Sinnkrisen", Profil, München, erw. 4. Auflage 2011.

CDs:

24 CDs/DVDs mit Vorträgen von Elisabeth Lukas sind beim „Auditorium Netzwerk", Verlag für Audio-visuelle Medien (Hebelstraße 47, D-79379 Müllheim/Baden) erhältlich.

Die CD „Ermutigungen für die Zukunft" ist erhältlich über:
www.elisabeth-lukas-archiv.de

Die CD/DVD mit der Live-Rundfunksendung in der „Reihe Lebenshilfe" zum Thema: „Rendezvous mit dem Leben - wie wir unseren Ängsten trotzen und das Leben meistern können" ist bei Glässing-media (Oststraße 12 A, D-87527 Sonthofen) erhältlich.